ERNST HEIMERAN UND MICHEL HOFMANN

ANTIKE WEISHEIT

*Eine Sammlung lateinischer
und griechischer Gedanken*

URTEXT
UND ÜBERSETZUNG

BEI ERNST HEIMERAN IN MÜNCHEN

4. Auflage (9.—11. Tausend) Oktober 1939

Ein Band der Tusculum-Bücher

Zweisprachige Ausgaben. Links Urtext, rechts Übertragung

V O R B E M E R K U N G

Diese Sammlung entsprang dem Vergnügen eines ungelehrten Liebhabers der Antike. Sie erhebt keinen anderen Anspruch als den, wiederum Freude zu machen an Fundstellen, die vielleicht nicht allzu bekannt sind. Es sei hier kein Lexikon der üblichen Zitate und Merksprüche erwartet. Auch will die Sammlung nicht etwa einen Querschnitt durch das antike Denken geben, sondern an Tiefgedachtem und Gutgesagtem schlechthin eine nachdenkliche Lust erwecken. — Dem Grundsatz der Tusculum-Bücherei entsprechend, der auch dieses Werk angehört, werden Urtext und Übertragung dargeboten. Für diese verdankt die Sammlung mehrere Prägungen den Werken verschiedener Übersetzer, von der kräftigen Stobäus-Verdeutschung Gg. Frölichs, gen. Letus von der Lömnitz (Basel 1551), dessen altertümelnde Sprache zuweilen beibehalten wurde, bis zu der vorbildlichen Ausgabe der vorsokratischen Fragmente von Hermann Diels. Dadurch gewinnt auch die Wiedergabe einen weiten Spielraum: die wortgetreue Übertragung wird meistens ersetzt durch freiere Nachgestaltung oder durch bewußte Verdeutschung und Vergegenwärtigung; angesichts des Urtextes mag dieses Verfahren da und dort erlaubt und nicht ohne Reiz sein.

Dr. Ernst Heimeran

Der Unterzeichnete, gleichfalls nicht durch Beruf, nur durch Neigung antikem Geistesleben zugewandt, übernahm es, die Sammlung zu überprüfen, mehrfach zu ergänzen und die Fundorte anzumerken. Bewußt übersah er alle Streitfragen der Textkritik und der Zuweisung und war nur bestrebt, die Quellenstellen zu vermitteln, die den Zusammenhang oder nähere Überlieferungsvermerke darbieten. — Bei den antiken Sammlern wie Plutarch, Stobäus und in ähnlichen Fällen wurde in der Zitierweise angedeutet, daß sie fremdes Gedankengut und fremden Witz überliefern. — Nach Möglichkeit wurden neuere Ausgaben, vor allem die Teubnerschen Texte für den Schulgebrauch, herangezogen, soweit nicht deren Versagen zum Rückgriff auf ältere Texte zwang. Die Bezeichnung der benützten Ausgabe steht bei Werken, deren Einteilung unsicher oder deren Überlieferung nicht vollständig ist, zwischen eckigen Klammern. Dabei bedeuten:

B e r g k	= Th. Bergk: Poetae lyrici Graeci
D i e l s	= H. Diels: Die Fragmente der Vorsokratiker
D ü b n e r	= Fr. Dübner: Plutarchi fragmenta et spuria (5. Bd. der Gesamtausgabe)
H e n s e	= O. Hense: Joannis Stobaei Anthologium, vol. III
H e n s e IV	= Desgl. vol. IV
H e n s e r e l.	= O. Hense: C. Musonii Rufi reliquiae
I n s c r. G r a e c	= Inscriptiones Graecae
K o c k	= Th. Kock: Comicorum Atticorum fragmenta
M e i n.	= A. Meineke: Joannis Stobaei Florilegium
N a u c k	= A. Nauck: Tragicorum Graecorum fragmenta
U s e n e r	= H. Usener: Epicurea
W a c h s m u t h	= K. Wachsmuth: Joannis Stobaei Anthologium, vol. I und II

Die Überarbeitung für die 3. Auflage folgte den bisherigen Grundsätzen. Sie konnte sich darauf beschränken, mehrere Druckversehen zu beseitigen und manche Übersetzung knapper, schärfer und gegenwartsnäher zu fassen oder an verwandte deutsche Prägungen anzulehnen. Trotz gewichtiger Einwendungen strenger Lehrer haben sich auch diesmal die freieren und metrischen Wiedergaben entsprechend der Eigenart dieser Ausgabe nicht durch „richtige" Übersetzungen verdrängen lassen.

Dr. M i c h e l H o f m a n n
Staatsarchivrat in Bamberg

AUTOREN-VERZEICHNIS

———

Die beigefügten Zeitangaben mögen als ungefähre Anhaltspunkte für die geistesgeschichtlichen Bedingtheiten willkommen sein. Freilich sind oft auch die Träger bekannter Namen aus dem antiken Kulturleben exakt historisch kaum greifbar, so daß Annäherungswerte und Vermutungen zu Hilfe genommen werden müssen.

———

Außer den genannten Autoren wurden auch antike Sprichwörter, Formeln und schließlich besonders Inschriften an Urnen, Gräbern und Tempeln aufgenommen.

VIII

ANORDNUNG

I

῏Απαντα σιγῶν ὁ θεὸς ἐξεργάζεται.   [Kock 818]

Τοῦτο ἐξήγησιν οἱ Πυθαγορικοὶ καλοῦντες οὐδὲν ἀπε-
κρίναντο τοῖς περὶ θεῶν ὅ τι τύχοιεν ἰταμῶς καὶ εὐχερῶς
ἐρωτῶσιν.   [Dübner 34]

Non templa illi congestis in altitudinem saxis exstruenda
sunt: in suo cuique consecrandus est pectore.

fr. 123

Subsilire in caelum ex angulo licet.

Epist. 31, 11

Parem te deo pecunia non faciet: deus nihil habet. Prae-
texta non faciet: deus nudus est. Fama non faciet nec
ostentatio tui et in populos nominis dimissa notitia: nemo
novit deum, multi de illo male existimant et impune. Non
turba servorum lecticam tuam per urbana ac peregrina
portantium; deus ille maximus potentissimusque ipse
vehit omnia.

Epist. 31, 10

Οὐδὲ γὰρ ἀνδρομέῃ κεφαλῇ κατὰ γυῖα κέκασται,
οὐ μὲν ἀπαὶ νώτοιο δύο κλάδοι ἀίσσονται,
οὐ πόδες, οὐ θοὰ γοῦν(α), οὐ μήδεα λαχνήεντα,
ἀλλὰ φρὴν ἱερὴ καὶ ἀθέσφατος ἔπλετο μοῦνον,
φροντίσι κόσμον ἅπαντα καταΐσσουσα θοῇσιν.

[Diels 134]

GOTTHEIT

Es führt die Gottheit schweigend jedes Werk hinaus.   Menander

Wenn die Jünger des Pythagoras befragt wurden, was
man so beiläufig über die Götter erfahren könne, schwie-
gen sie und hielten das für die Antwort auf die Frage.
                                            Nach Plutarch

Keine Tempel aus zusammengeschleppten Steinen soll
man der Gottheit auftürmen, sondern jeder weihe ihr
sein Herz zum Heiligtum.   Seneca

Auch den Armen steht der Himmel offen.
                                                 Seneca

Gottähnlich macht dich nicht dein Geld; Gott ist ohne
Habe. Nicht dein pelzverbrämter Rock; Gott trägt kein
Gewand. Nicht dein Ruf, dein Bild in der Zeitung und
deines Namens Weltbekanntheit; denn wer kennt Gott?
Viele haben sogar eine schlechte Meinung von ihm (und
das ungestraft!). Nicht dein schwerer Wagen, der dich
durch nah und fern trägt; denn er, der große, allmächtige
Gott trägt selbst das All.   Seneca

Denn sie (die Gottheit) ist auch nicht mit menschen-
ähnlichem Haupte an den Gliedern versehen, nicht
schwingen sich zwei Zweige herab von dem Rücken,
nicht Füße noch hurtige Knie oder behaarte Schamglie-
der, sondern nur ein Geist, ein heiliger und unaussprech-
licher, waltet und durchfliegt mit schnellen Gedanken den
ganzen Weltenraum.   Empedokles

Χὦ Ζεὺς ἄλλοκα μὲν πέλει αἴθριος, ἄλλοκα δ᾽ ὕει.

Idyllen IV 43

Καὶ τὸν θεὸν τοιοῦτον ἐξεπίσταμαι,
σοφοῖς μὲν αἰνικτῆρα θεσφάτων ἀεί,
σκαιοῖς δὲ φαῦλον κἂν βραχεῖ διδάσκαλον.

[Nauck 704]

Si quotiens peccant homines, sua fulmina mittat,
Juppiter exiguo tempore inermis erit.

Trist. II 33/34

Λάκων ἰδὼν ἀγείροντά τινα θεοῖς ʽοὐδέν᾽ εἶπε ʽφρον-
τίζειν θεῶν πτωχοτέρων ἑαυτοῦʼ.

Apophth. Laconica inc. 57

Καὶ τὸ μὲν εὔχεσθαι πρέπον καὶ λίην ἐστὶν ἀγαθόν·
δεῖ δὲ καὶ αὐτὸν ξυλλαμβάνοντα τοὺς θεοὺς ἐπικαλέεσ-
θαι.

Über die Träume IV 2

Ὁ μὲν Ἐπίχαρμος τοὺς θεοὺς εἶναι λέγει
ἀνέμους, ὕδωρ, γῆν, ἥλιον, πῦρ, ἀστέρας·
ἐγὼ δ᾽ ὑπέλαβον χρησίμους εἶναι θεοὺς
τἀργύριον ἡμῖν καὶ τὸ χρυσίον μόνους.

[Kock 537; Diels, Epicharm 8]

Ἀπ᾽ οἴνου μὴ προσιέναι μηδὲ ἐν ἀνθινοῖς.

Inscr. Graec. XI 4, 1300

Auch Juppiter schickt manchmal Sonnenschein, manchmal Regen.

Theokrit

Ich kenne gut der Gottheit ausgesuchten Weg:
Dem weisen Manne gibt sie manches Rätsel auf,
Den blöden unterweist sie kurz und obenhin.

Sophokles

Wenn Juppiter seine Blitze schleudern würde, so oft die Menschen sündigen, dann wäre er in kurzer Zeit ohne Waffen.

Ovid

Ein Lakonier bemerkte einen Menschen, der für die Götter um Almosen bat. »Um solche Götter« rief er aus »bekümmere ich mich nicht, die noch ärmer sind als ich.«

Nach Plutarch

Das Beten ist etwas Schickliches und sehr Gutes, aber man muß sich auch selbst die Hand anlegen, wenn man die Götter anruft.

Hippokrates

Epicharm sagt, die Götter seien Winde, Wasser, Erde, Sonne, Feuer, Sterne. Ich aber habe die Meinung bekommen, nützliche Götter seien für uns lediglich Gold- und Silbergeld.

Menander

Niemand darf unmittelbar nach Weingenuß herzutreten, niemand in bunten Kleidern.

Inschrift des Serapeums auf Delos

Εὐφάνης Ἐπιδαύριος παῖς · οὗτος λιθιῶν ἐνεκάθευδε .
ἔδοξε δὴ αὐτῷ ὁ θεὸς ἐπιστὰς εἰπεῖν 'τί μοι δώσεις,
αἴ τύ κα ὑγιῆ, ποιήσω', αὐτὸς δὲ φάμεν 'δέκ' ἀστρα-
γάλους' τόν δὲ θεὸν γελάσαντα φάμεν νιν παύσειν.
ἁμέρας δὲ γενομένας ὑγιὴς ἐξῆλθε.

Inscr. Graec. IV 951 ⟨86⟩

Εἰ ταύτῃ τοῖς θεοῖς φίλον, ταύτῃ ἔστω.

Kriton II

Sic vive cum hominibus, tamquam deus videat; sic
loquere cum deo, tamquam homines audiant.

Epist. 10, 5

II

Mὴ μᾶλλον τὸ δὲν ἢ τὸ μηδὲν εἶναι.

[Diels 156]

Omnium rerum principia parva sunt.   De finibus V 21

Ἀλλὰ τοῦτό μοι δῆλον δοκεῖ εἶναι, ὅτι καὶ μέγα καὶ
ἰσχυρὸν καὶ ἀίδιόν τε καὶ ἀθάνατον καὶ πολλὰ εἰδός ἐστι.

[Diels 8]

Ἀεὶ ἦν ὅ τι ἦν καὶ ἀεὶ ἔσται. εἰ γὰρ ἐγένετο, ἀναγκαῖόν ἐστι πρὶν γενέσθαι εἶναι μηδέν · εἰ τοίνυν μηδὲν
ἦν, οὐδαμὰ ἂν γένοιτο οὐδὲν ἐκ μηδενός.

[Diels 20]

6

Euphanes, Knabe aus Epidauros. Dieser, der an Blasensteinen litt, schlief im Tempel. Da schien es ihm, als ob der Gott zu ihm trete und sage: »Was gibst Du mir, wenn ich Dich gesund mache?« Und er habe gesagt: »Zehn Schusser.« Da habe der Gott gelacht und verheißen, ihn zu heilen. Als es Tag geworden, ging er gesund von dannen.

Heilbericht aus Epidauros

Wenn es so den Göttern lieb ist, soll es so sein.

Plato

Lebe so mit den Menschen, als ob Gott es sähe; sprich so mit Gott, als ob die Menschen es hörten.

Seneca

S C H Ö P F U N G

Das Nichts existiert ebensosehr wie das Ichts.

Demokrit

Der Ursprung aller Dinge ist klein. Cicero

Doch ist dies meines Bedünkens klar, daß der Urstoff groß und gewaltig, ewig und unsterblich und vielwissend ist.

Diogenes von Apollonia

Immerdar war, was da war, und immerdar wird es sein. Denn wär' es entstanden, so müßte es notwendigerweise vor dem Entstehen nichts sein. Wenn es nun also nichts war, so könnte unter keiner Bedingung etwas aus nichts entstehen.

Melissos

Ὁμοῦ πάντα χρήματα ἦν, ἄπειρα καὶ πλῆθος καὶ σμικρότητα · καὶ γὰρ τὸ σμικρὸν ἄπειρον ἦν.

[Diels 1]

Principia sunt aqua terra anima et sol.

[Diels 49]

Ἄριστον μὲν ὕδωρ.

Olympia I 1

Isque (sol) totus mentis est.

[Diels 50 a]

Ἀνταυγεῖ πρὸς Ὄλυμπον ἀταρβήτοισι προσώποις.

[Diels 44]

Ἔνθ᾿ οὔτ᾿ Ἠελίοιο διείδεται ὠκέα γυῖα
οὐδὲ μὲν οὐδ᾿ αἴης λάσιον μένος οὐδὲ θάλασσα ·
οὕτως Ἁρμονίης πυκινῷ κρύφῳ ἐστήρικται
Σφαῖρος κυκλοτερὴς μονίη περιηγέι γαίων.

[Diels 27]

Ὡς γλυκὺ μὲν γλυκὺ μάρπτε, πικρὸν δ᾿ ἐπὶ πικρὸν ὄρουσεν,
ὀξὺ δ᾿ ἐπ᾿ ὀξὺ ἔβη, δαερὸν δ᾿ ἐποχεῖτο δαηρῷ.

[Diels 90]

Συνεκρίθη καὶ διεκρίθη κἀπῆλθεν ὅθεν ἦλθεν πάλιν,
γᾶ μὲν εἰς γᾶν, πνεῦμα δ᾿ ἄνω · τί τῶνδε χαλεπόν; οὐδὲ ἕν.

[Diels 9]

Alle Dinge waren zusammen, unendlich der Menge wie der Kleinheit nach. Denn das Kleine war eben unendlich.

Anaxagoras

Wasser, Erde, Hauch und Sonne sind die Elemente der Welt.

Epicharmos

Das vornehmste Element ist das Wasser.

Pindar

Und sie (die Sonne) ist ganz Geist.

Epicharmos

Das Sonnenlicht strahlt dem Olympos mit furchtlosem Antlitz entgegen.

Empedokles

Dort (im Sphairos) unterscheidet man nicht des Helios schnelle Glieder, noch auch der Erde zottige Kraft oder das Meer. So verwahrt in dem festen Verließ der Harmonie liegt der kugelige Sphairos, froh der ringsum herrschenden Einsamkeit.

Empedokles

So griff Süßes nach Süßem, Bitteres stürmte auf Bitteres los, Saures stieg auf Saures und Heißes ritt auf Heißem.

Empedokles

Es verband und schied sich, es kam wieder hin, wo es herkam: Erde zur Erde, der Hauch in die Höhe! Was ist dabei schwierig? Gar nichts!

Epicharmos

Αἰθὴρ ⟨δ'αὖ⟩ μακρῇσι κατὰ χθόνα δύετο ῥίζαις.

[Diels 54]

Ἧι πολλαὶ μὲν κόρσαι ἀναύχενες ἐβλάστησαν,
γυμνοὶ δ' ἐπλάζοντο βραχίονες εὔνιδες ὤμων,
ὄμματά τ' οἶ(α) ἐπλανᾶτο πενητεύοντα μετώπων.

[Diels 57]

Μουνομελῆ ἔτι τὰ γυῖα ... ἐπλανᾶτο τῆς πρὸς ἄλληλα
μίξεως ἐφιέμενα.

[Diels 58]

Terra mater terris gentis omnis peperit et resumit
denuo, quae ... dat cibaria.

[Diels 52]

Ἦσαν δὲ κτίλα πάντα καὶ ἀνθρώποισι προσηνῆ,
θῆρές τ' οἰωνοί τε, φιλοφροσύνη τε δεδήει.

[Diels 130]

Θαυμαστὴ ἡ φύσις καὶ φιλόζῳος.

Bei Epiktet, fr. 23 [Schenkl]

Φύσις κρύπτεσθαι φιλεῖ.

[Diels 123]

III

Ἄνθρωπος · ἱκανὴ πρόφασις εἰς τὸ δυστυχεῖν.

[Kock 811]

Die Luft dagegen tauchte mit langen Wurzeln in die
Erde hinab.

Empedokles

Ihr (der Erde) entsproßten viele Köpfe ohne Hälse,
nackte Arme irrten hin und her sonder Schultern, und
Augen allein schweiften umher der Stirnen bar.

Empedokles

Vereinzelt irrten die Glieder umher gegenseitige Ver-
einigung suchend.

Empedokles

Die Mutter Erde hat alle Geschlechter in den Ländern
erschaffen und nimmt sie wieder in sich auf. Sie ist es,
die Futter darbietet.

Epicharmos

Da waren alle Geschöpfe zahm und den Menschen zu-
tunlich, die wilden Tiere wie die Vögel, und die Flamme
der gegenseitigen Freundschaft glühte.

Empedokles

Wunderbar ist die Natur und voll Liebe zu den Ge-
schöpfen.

Xenophon

Die Natur kleidet sich gern in Geheimnisse.

Heraklit

M   E   N   S   C   H

Der Mensch ist an sich schon ein hinreichender Grund
zur Traurigkeit.

Menander

Εἴ τις προσελθών μοι θεῶν λέγοι Κράτων,
ἐπὰν ἀποθάνῃς αὖθις ἐξ ἀρχῆς ἔσει·
ἔσει δ' ὅ τι ἂν βούλῃ, κύων, πρόβατον, τράγος,
ἄνθρωπος, ἵππος· δὶς βιῶναι γάρ σε δεῖ,
εἱμαρμένον τοῦτ' ἐστίν· ὅ τι βούλει δ' ἑλοῦ'.
"ἅπαντα μᾶλλον" εὐθὺς εἰπεῖν ἂν δοκῶ,
"ποίει με, πλὴν ἄνθρωπον".

[Kock 223]

Ἅπαντα τὰ ζῷ' ἐστὶ μακαριώτερα
καὶ νοῦν ἔχοντα μᾶλλον ἀνθρώπου πολύ.
τὸν ὄνον ὁρᾶν ἔξεστι πρῶτα τουτονί.
οὗτος κακοδαίμων ἐστὶν ὁμολογουμένως·
τούτῳ κακὸν δι' αὑτὸν οὐδὲν γίγνεται·
ἃ δ' ἡ φύσις δέδωκεν αὐτῷ ταῦτ' ἔχει.
ἡμεῖς δὲ χωρὶς τῶν ἀναγκαίων κακῶν
αὐτοὶ παρ' αὑτῶν ἕτερα προσπορίζομεν.
λυπούμεθ', ἂν πτάρῃ τις· ἂν εἴπῃ κακῶς,
ὀργιζόμεθ'. ἐὰν ἴδῃ τις ἐνύπνιον, [σφόδρα]
φοβούμεθ'· ἂν γλαὺξ ἀνακράγῃ, δεδοίκαμεν.
ἀγωνίαι δόξαι φιλοτιμίαι νόμοι,
ἅπαντα ταῦτ' ἐπίθετα τῇ φύσει κακά.

[Kock 532]

Ἀνάχαρσις ὁ Σκύθης ἐρωτηθεὶς ὑπό τινος τί ἐστι
πολέμιον ἀνθρώποις; "αὐτοὶ" ἔφη "ἑαυτοῖς".

[Hense 2, 42]

Ψυχάριον εἶ, βαστάζον νεκρόν.
                    Bei Marc Aurel, Selbstschau IV 41

12

Wenn ein Gott zu mir spräche: — Kraton, nach deinem Tode wirst du wieder von neuem leben, dann aber sein was du willst: ein Mensch, ein Hund, ein Schaf, ein Bock, ein Roß; denn wieder mußt du leben, das ist Schicksalsschluß; darum wähle, was du am liebsten hast! — so dünkt mich, ich würde sagen:
Mache aus mir, was du willst, nur ja keinen Menschen!

Menander

Alle Tiere sind seliger und haben mehr Verstand als der Mensch: z. B. der Esel, der doch ein armes Tier ist: es geschieht ihm nichts Arges durch seine Schuld, sondern was ihm die Natur gegeben, das hat er. Wir Menschen aber machen uns zu den notwendigen Übeln noch andere: Nieset jemand, so trauern wir; schimpfet wer, so zürnen wir; haben wir einen Traum, so erschrecken wir; heulet die Nachteule, so fürchten wir uns: Kämpfe, öffentliches Ansehen, Ehrgeiz, Gesetze »alles dieses Arg«, schaffen wir alles selbst, haben's nicht von Natur.

Menander

Anacharsis, ein Skythe, wurde von einem gefragt, was den Menschen feind wäre? Darauf sagte er: Sie sich selbst.

Nach Stobäus

Ein Seelchen bist du, mit einem Leichnam belastet.

Epiktet

Ἀ γα φύσις ἀνδρῶν τί ὦν ; ἀσκοὶ πεφυσιαμένοι.

[Diels 10]

Σκιᾶς ὄναρ ἄνθρωπος.

Pyth. 8, 136

Ἔστι δὴ τοίνυν τὰ τῶν ἀνθρώπων πράγματα μεγάλης σπουδῆς οὐκ ἄξια.

Gesetze VII 803 B

Ἄνθρωπος ὦν ἔπταικας.

[Kock 1; Hense IV 34, 17]

Βροτῶν δὲ μαντικὴν χαίρειν ἐῶ.

Elektra 398

Ἄνθρωπον θεοῦ τι παίγνιον εἶναι μεμηχανημένον . . . .

Gesetze VII 803 C

Μέμνησο ὅτι ὑποκριτὴς εἶ δράματος οἵου ἂν θέλῃ ὁ διδάσκαλος.

Ench. 17

Περὶ τῶν ἀφανέων, περὶ τῶν θνητῶν σαφήνειαν μὲν θεοὶ ἔχοντι, ὡς δὲ ἀνθρώποις τεκμαίρεσθαι.

[Diels 1]

Τοὺς ἀνθρώπους διὰ τοῦτο ἀπόλλυσθαι, ὅτι οὐ δύνανται τὴν ἀρχὴν τῷ τέλει προσάψαι.

[Diels 2]

Was sind nun eigentlich die Menschen? Aufgeblasene Bälge.

Epicharmos

Eines Schattens Traum ist der Mensch.

Pindar

Im menschlichen Leben ist nichts so wichtig.

Plato

Da du ein Mensch bist, bist du ins Unglück geraten.

Batho

Ich achte nicht der Menschen Seherkunst.

Euripides

Der Mensch: zu Gottes Kurzweil erdacht ...

Plato

Bedenke, daß du nur der Schauspieler bist in einem Stücke, das der Direktor bestimmt.

Epiktet

Über das Unsichtbare wie über das Irdische haben nur die Götter Gewißheit, uns aber als Menschen ist nur Mutmaßung gestattet.

Alkmaion

Die Menschen gehen darum zugrunde, weil sie den Anfang nicht an das Ende anknüpfen können.

Alkmaion

Ferte fortiter: hoc est, quo deum antecedatis; ille extra
patientiam malorum est, vos supra patientiam.

Dial. I 6, 6

Te hominem esse memento.

. . ἀνθρώπῳ μικρῷ κόσμῳ ὄντι.

[Diels 34]

Πολλὰ τὰ δεινά, κοὐδὲν ἀνθρώπου δεινότερον πέλει.

Antigone 331

Εἰς δὲ τέλος μάντεις τε καὶ ὑμνοπόλοι καὶ ἰητροί
καὶ πρόμοι ἀνθρώποισιν ἐπιχθονίοισι πέλονται,
ἔνθεν ἀναβλαστοῦσι θεοὶ τιμῇσι φέριστοι.

[Diels 146]

IV

Εὐδαιμονίη ψυχῆς καὶ κακοδαιμονίη.

[Diels 170]

Χῶρος γὰρ αὐτός ἐστιν ἀνθρώπου φρενῶν,
ὅπου τὸ τέρπον καὶ τὸ πημαῖνον φύει.

[Nauck 824]

Οἷα ἂν πολλάκις φαντασθῇς, τοιαύτη σοι ἔσται ἡ διά-
νοια· βάπτεται γὰρ ὑπὸ τῶν φαντασιῶν ἡ ψυχή.

Selbstschau V 16

Ertragt mit Stärke; darin überragt ihr Gott. Er steht
außerhalb des Leidens, ihr steht darüber.

Seneca

Erinnere dich, daß du ein Mensch bist!
Der servus publicus rief dies dem römischen Triumphator zu.

Der Mensch, eine kleine Welt...

Demokrit

Vieles Gewaltige lebt, und nichts ist gewaltiger als der
Mensch. Sophokles

Zuletzt werden sie zu Sehern, Sängern, Ärzten und
Fürsten unter den irdischen Menschen und wachsen
hieraus empor zu Göttern, an Ehren reichsten.

Empedokles

S   E   E   L   E

Seligkeit u n d Unseligkeit ruht in der Seele.

Demokrit

In seiner eignen Seele trägt der Mensch die Saat,
Daraus er all sein Frohes und sein Leides zieht.

Sophokles

Nach der Beschaffenheit der Gegenstände, welche du
dir am häufigsten vorstellst, wird sich auch deine Ge-
sinnung richten; denn von den Vorstellungen nimmt die
Seele ihre Farbe an. Marc Aurel

Ψυχῆς πείρατα ἰὼν οὐκ ἂν ἐξεύροιο, πᾶσαν ἐπὶ πο-
ρευόμενος ὁδόν · οὕτω βαθὺν λόγον ἔχει.

[Diels 45]

Σφαῖρα ψυχῆς αὐτοειδής, ὅταν μήτε ἐκτείνηται ἐπί τι
μήτε ἔσω συντρέχῃ μήτε σπείρηται μήτε συνιζάνῃ, ἀλλὰ
φωτὶ λάμπηται, ᾧ τὴν ἀλήθειαν ὁρᾷ τὴν πάντων καὶ
τὴν ἐν αὐτῇ.

Selbstschau XI 12

Terra corpus est, at mentis ignis est.

[Diels 48]

Ἤδη γὰρ ποτ᾽ ἐγὼ γενόμην κοῦρός τε κόρη τε
θάμνος τ᾽ οἰωνός τε καὶ ἔξαλος ἔλλοπος ἰχθύς.

[Diels 117]

Αἱ μὲν ποδήρεις ἐσθῆτες τὰ σώματα, αἱ δὲ ὑπέρμετροι
περιουσίαι τὰς ψυχὰς ἐμποδίζουσιν.

[Hense IV 31, 83]

V

Κρατεῖν δὲ ἐθίζεο τῶνδε Γαστρὸς μὲν πρώτιστα καὶ
ὕπνου λαγνείης τε Καὶ θυμοῦ.

Aur. carm. 9

Di boni, quantum hominum unus venter exercet!

Epist. 95, 24

18

Der Seele Grenzen wirst du nicht finden, und wenn du jeden Weg abschrittest, so tiefen Grund hat sie.

Heraklit

Die Seele gleicht einer vollkommenen Kugel, insofern sie sich weder nach irgendeiner Seite hin ausdehnt, noch in sich selbst zurückzieht, weder sich verflüchtigt, noch einsinkt, sondern von einem Lichte umstrahlt wird, bei dem sie die Wahrheit von allem und folglich auch die in ihr selbst befindliche erblickt.

Marc Aurel

Der Körper ist Erde, aber der Geist Feuer.

Epicharmos

Ich war bereits einmal Knabe, Mädchen, Pflanze, Vogel und flutentauchender, stummer Fisch.

Empedokles

Lange Kleider behindern den Leib, überflüssiges Drum und Dran die Seele.

Sokrates

K Ö R P E R

Gewöhne dich der Dinge Herr zu sein, des Bauches vor allem, des Schlafes, der fleischlichen Begierden und des Temperaments.

Pseudo-Pythagoras

Gute Götter, wieviel Menschen hält ein einziger Bauch in Bewegung!

Seneca

Γαστρὸς δὲ πειρῶ πᾶσαν ἡνίαν κρατεῖν·
μόνη γὰρ ὧν πέπονθεν οὐκ ἔχει χάριν,
ἀεὶ δὲ τοῦ δέοντος ἐνδεῖται πλέον.

[Nauck 1]

Οὐ γάρ τι στυγερῇ ἐπὶ γαστέρι κύντερον ἄλλο
ἔπλετο, ἥ τ᾽ ἐκέλευσε ἕο μνήσασθαι ἀνάγκῃ
καὶ μάλα τειρόμενον καὶ ἐνὶ φρεσὶ πένθος ἔχοντα.

Odyssee VII 216

Ὅταν εὐτελῶς ἡρμοσμένος ᾖς κατὰ τὸ σῶμα, μὴ καλ-
λωπίζου ἐπὶ τούτῳ. μηδ᾽, ἂν ὕδωρ πίνῃς, ἐκ πάσης
ἀφορμῆς λέγε, ὅτι ὕδωρ πίνω.

Ench. 47

Ὅ τί ποτε τοῦτό εἰμι, σαρκία ἐστὶ καὶ πνευμάτιον
καὶ τὸ ἡγεμονικόν, ἄφες τὰ βιβλία· μηκέτι σπῶ· οὐ δέδοται,
ἀλλ᾽ ὡς ἤδη ἀποθνῄσκων τῶν μὲν σαρκίων καταφρό-
νησον.

Selbstschau II 2

Ecce ingens clamor ex stadio perfertur et me non excutit
mihi, sed in huius rei contentionem transfert. Cogito
mecum, quam multi corpora exerceant, ingenia quam
pauci; quantus ad spectaculum non fidele et lusorium
fiat concursus, quanta sit circa artes bonas solitudo;
quam inbecilli animo sint, quorum lacertos umerosque
miramur.

Epist. 80, 2

Allerwege sollst du dich befleißigen den Bauch zu zähmen, denn er allein ist undankbar gegen empfangene Wohltat und begehret allzeit mehr als ihm gut ist.

Chares

Traun! aufdringlicher findest du nichts, wie den leidigen
  Magen,
Der mit Gewalt dich mahnt, auf seine Begierden zu
  denken,
Wäre das Herz dir noch so gebeugt und mit Kummer
  belastet.   Homer

Wenn du deinen Körper an Einfachheit gewöhnt hast, so prahle nicht damit; wenn du nur Wasser trinkst, so sage nicht bei jeder Gelegenheit: ich trinke nur Wasser.

Epiktet

Was ich auch sein mag, es ist ein wenig Fleisch und Lebenshauch und die herrschende Vernunft. Weg mit den vielen Büchern! Laß dich nicht mehr hin- und herzerren: das steht dir nicht an. Erhebe dich vielmehr über dieses bißchen Fleisch wie einer, der bald sterben muß.

Marc Aurel

Der Heidenlärm, der aus dem Stadion zu mir herüberdringt, bringt mich zwar nicht außer Fassung, aber ich mache mir doch meine Gedanken: Wie viele treiben Körperkultur und wie wenige Geisteskultur! Wie viele rennen zu diesen nicht ernstzunehmenden Schaustücken und wie klein ist der Kreis bei kulturellen Veranstaltungen! Wie geistesarm ist unsere vergötterte Bicepsaristokratie!

Seneca

VI

Θαυμαστὸν οὐδὲν ἅμὲ ταῦθ᾽ οὕτω λέγειν,
καὶ ἁνδάνειν αὐτοῖσιν αὐτοὺς καὶ δοκεῖν
καλῶς πεφύκειν · καὶ γὰρ ἅ κύων κυνί
κάλλιστον εἷμεν φαίνεται, καὶ βοῦς βοΐ
ὄνος δ(ὲ) ὄνῳ κάλλιστον, ὗς δέ θην ὑί.

[Diels 5]

Deformis simiarum erit pulcherrima.

Sent. 92

Πέρσαι τῶν γρυπῶν ἐρῶσι καὶ καλλίστους ὑπολαμ-
βάνουσιν διὰ τὸ Κῦρον ἀγαπηθέντα μάλιστα τῶν βασι-
λέων γεγονέναι γρυπὸν τὸ εἷδος.

Reg. et imp. apophth.: Cyrus d. Ä. 1

Σώματος κάλλος ζῳῶδες, ἣν μὴ νοῦς ὑπῇ.

[Diels 105]

Ἀριστοτέλης ἔφη τὸ κάλλος πάσης ἐπιστολῆς συστατι-
κώτερον εἶναι.

[Hense IV 21, 11]

O formose puer, nimium ne crede colori!

Eclogen II 17

Non deformitate corporis foedari animum, sed pulchri-
tudine animi corpus ornari.

Epist. 66, 4

S C H Ö N H E I T

Kein Wunder, daß wir so sprechen und uns selbst gefallen und uns selber schön gewachsen dünken. Denn ein Hund hält seinesgleichen für das schönste Geschöpf, ein Ochse, ein Esel den andern und ein Schwein hält das andere für das Schönste.

Epicharmos

Auch der stattlichste Affe ist noch keine Schönheit.

Publilius Syrus [nach Heraklit]

Die Perser lieben diejenigen, die eine Habichtsnase haben, und halten sie für die schönsten, weil Cyrus, der Geliebteste unter ihren Königen, eine solche Nase gehabt haben soll.

Plutarch

Körperschönheit ist etwas Tierhaftes, wenn sich nicht Geist dahinter birgt.

Demokrit

Aristoteles sagte, die Schönheit wäre für einen Menschen eine bessere Empfehlung, als hundert Empfehlungsbriefe.

Nach Stobäus

Schöner Knabe, verlaß dich nicht zu sehr auf deine Schönheit.
Vergil

Häßlichkeit des Leibes schändet nicht die Seele, aber eine schöne Seele adelt den Leib.

Seneca

VII

Τοῦ ἀνθρωπίνου βίου ὁ μὲν χρόνος στιγμή, ἡ δὲ οὐσία ῥέουσα, ἡ δὲ αἴσθησις ἀμυδρά, ἡ δὲ ὅλου τοῦ σώματος σύγκρισις εὔσηπτος, ἡ δὲ ψυχὴ ῥόμβος, ἡ δὲ τύχη δυστέκμαρτον, ἡ δὲ φήμη ἄκριτον.

Selbstschau II 17

Χαλεπὸν πολλὰς ὁδοὺς ἅμα τοῦ βίου βαδίζειν.

[Hense 1, 40]

Ἡ βιωτικὴ τῇ παλαιστικῇ ὁμοιοτέρα ἤπερ τῇ ὀρχηστικῇ κατὰ τὸ πρὸς τὰ ἐμπίπτοντα καὶ οὐ προεγνωσμένα ἕτοιμος καὶ ἀπτὼς ἑστάναι.

Selbstschau VII 61

Οὔτε ναῦν ἐξ ἑνὸς ἀγκυρίου οὔτε βίον ἐκ μιᾶς ἐλπίδος ἁρμοστέον.

fr. 30 [Schenkl]

Inter cetera mala hoc quoque habet stultitia: semper incipit vivere.   Bei Seneca, Epist. 13, 16 [Usener 494]

Πόστον μέρος τοῦ ἀπείρου καὶ ἀχανοῦς αἰῶνος ἀπομεμέρισται ἑκάστῳ; τάχιστα γὰρ ἐναφανίζεται τῷ ἀιδίῳ. πόστον δὲ τῆς ὅλης οὐσίας; πόστον δὲ τῆς ὅλης ψυχῆς; ἐν πόστῳ δὲ βωλαρίῳ τῆς ὅλης γῆς ἕρπεις; πάντα ταῦτα ἐνθυμούμενος μηδὲν μέγα φαντάζου ἢ τό, ὡς μὲν ἡ σὴ φύσις ἄγει, ποιεῖν, πάσχειν δέ, ὡς ἡ κοινὴ φύσις φέρει.

Selbstschau XII 32

Ein Punkt ist die Lebensdauer der Menschen, ihr Wesen in stetem Flusse, ihre Empfindung dunkel, das ganze Gewebe ihres Körpers der Fäulnis unterworfen, ihre Seele ein Kreisel, ihr Schicksal schwer zu bestimmen, ihr Ruf zweifelhaft.

Marc Aurel

Es ist schwer, viele Wege des Lebens zugleich zu gehen.

Pythagoras

Die Kunst, zu leben, hat mit der Fechtkunst mehr Ähnlichkeit als mit der Tanzkunst, insofern man auch auf unvorhergesehene Streiche gerüstet sein und unerschütterlich feststehen muß.

Marc Aurel

Man darf das Schiff nicht an einen einzigen Anker und das Leben nicht an eine einzige Hoffnung binden.

Epiktet

Auch das ist eines von den vielen Lastern der Torheit: beständig fängt sie ein neues Leben an.

Epikur

Welch kleines Teilchen der unendlichen und unermeßlichen Zeit ist jedem von uns zugemessen! So schnell wird es ja von der Ewigkeit verschlungen. Welch kleines Teilchen von der ganzen Wesenheit! Welch kleines Teilchen von der ganzen Weltseele! Wie klein ist das Erdklümpchen, auf dem du umherschleichst! Dies alles bedenke und halte dann nichts für groß als das: zu handeln, wie deine Natur dich leitet, und zu leiden, was die Allnatur mit sich bringt.

Marc Aurel

Εἰσί τινες οἳ τὸν παρόντα μὲν βίον οὐ ζῶσιν, ἀλλὰ
παρασκευάζονται πολλῇ σπουδῇ ὡς ἕτερόν τινα βίον
βιωσόμενοι, οὐ τὸν παρόντα · καὶ ἐν τούτῳ παραλει-
πόμενος ὁ χρόνος οἴχεται.   [Diels 53 a]

Ζῶμεν γὰρ οὐχ ὡς θέλομεν, ἀλλ' ὡς δυνάμεθα.
                                        Andria [Kock 50]

Οὐκ ἔστι τὴν ἐνεστηκυῖαν ἡμέραν καλῶς βιῶναι, μὴ
προθέμενον αὐτὴν ὡς ἐσχάτην βιῶσαι.
                                        [Hense, rel. 22]
Crede mihi, bene qui latuit, bene vixit.
                                        Trist. III 4, 25

Σπευσίππῳ παραλυθέντι τὰ σκέλη Διογένης ἐξαγαγεῖν
αὐτὸν τοῦ βίου παρῄνει. ὁ δὲ "οὐ τοῖς σκέλεσιν" ἔφη
"ζῶμεν, ἀλλὰ τῷ νῷ."
                                        [Hense IV 52, 17]

VIII

Ὃς μὴ πέπονθε τἀμὰ μὴ βουλευέτω.
                                        [Nauck 814]

Τοῖς πράγμασιν γὰρ οὐχὶ θυμοῦσθαι χρεών ·
μέλει γὰρ αὐτοῖς οὐδέν.
                                        Selbstschau VII 38

Recede in te ipsum, quantum potes.
                                        Epist. 7, 8

Es mangelt nicht an Leuten, die das gegenwärtige Leben nicht leben, sondern sich mit vielem Fleiß rüsten, als wollten sie etwa ein anderes Leben anrichten: mittlerweile aber verläßt sie die Zeit.   Antiphon

Wir leben, wie wir können, nicht wie's uns gefällt.
                                        Menander

Du kannst den gegenwärtigen Tag nicht recht leben, es sei dir denn, du lebtest den letzten.   Musonius

Glaube mir, wer gut verborgen war, hat gut gelebt.
                                              Ovid

Diogenes ermahnte den Speusippum, dieweil er lahm auf beiden Füßen wäre, daß er sich selbst den Tod gäbe. Darauf sagte dieser: Unser Leben liegt nicht in den Füßen, sondern im Gemüte.
                        Nach Stobäus [Frölich]

L E B E N S R E G E L N

Wer nicht das gleiche erfahren hat wie ich, soll mir keinen Rat geben.
                                        Sophokles

Der Außenwelt soll man mit nichten zürnen; sie kümmert sich um nichts.
                                        Marc Aurel

Ziehe dich soviel als möglich in dich selbst zurück!
                                            Seneca

Εδιζησάμην ἐμωυτόν.

[Diels 101]

Absconde te in otio; sed et ipsum otium absconde.

Epist. 68, 1

Μὴ πάντα ἐπίστασθαι προθύμεο, μὴ πάντων ἀμαθὴς
γένῃ.

[Diels 169]

Nec te collaudes, nec te culpaveris ipse.

[Némethy II 16]

Non convenit ridiculum esse ita, ut ridiculus ipse videaris.

[Diels 130]

Invidiam effugies, si scieris in sinu gaudere.

Epist. 105, 3

Si sapis, alterum alteri misce: ne speraveris sine despera-
tione nec desperaveris sine spe.

Epist. 104, 12

Inter causas malorum nostrorum est, quod vivimus ad
exempla.

Epist. 123, 6

Multum dabis, etiamsi nihil dederis praeter exemplum.

Dial. XII 18, 8

Ich habe mich selbst gesucht.

Heraklit

Verbirg dich in deiner Muße; aber auch deine Muße verbirg.

Seneca

Suche nicht alles zu verstehen, sei aber auch nicht in allem unwissend!

Demokrit

Es soll sich niemand selbst loben, noch tadeln.

Dionysius Cato

Man soll keine Witze machen, durch die man sich selbst lächerlich macht.

Heraklit

Dem Neide wirst du entgehen, wenn du verstehst, dich im Stillen zu freuen.

Seneca

Wenn du klug bist, so mische eines mit dem andern: hoffe nicht ohne Zweifel und zweifle nicht ohne Hoffnung.

Seneca

Zu den Ursachen unserer schlimmen Zustände gehört, daß wir nach Beispielen leben.

Seneca

Viel wirst du geben, wenn du auch gar nichts gibst als nur das Beispiel.

Seneca

»Aliter loqueris, aliter vivis.« Hoc Platoni obiectum est, obiectum Epicuro, obiectum Zenoni. Omnes enim isti dicebant, non quemadmodum ipsi viverent, sed quemadmodum esset ipsis vivendum. De virtute, non de me loquor.

Dial. VII 18, 1

IX

Ἡυόμενοι ἄνθρωποι ἥδονται καί σφιν γίνεται ἄπερ τοῖς ἀφροδισιάζουσιν.

[Diels 127]

Εὖ δὲ ἔχοντες σοφοὶ καὶ πολίταις ἔδοξαν ἔμμεν.

Olymp. V 36 ff.

Βίος ἀνεόρταστος μακρὴ ὁδὸς ἀπανδόκευτος.

[Diels 230]

Dulce est desipere in loco.

Od. IV 12, 28

Laudamus veteres, sed nostris utimur annis.

Fasti I 225

Dummodo sit dives, barbarus ipse placet.

Ars amat. 2, 276

Is maxime divitiis fruitur, qui minime divitiis indiget.

Bei Seneca, Epist. 14, 17 (vgl. Usener p. 63, 19)

»Du lebst anders als du sprichst.« Das hat man Platon, Epikur, Zenon vorgeworfen. Alle diese sagten nämlich nicht, wie sie lebten, sondern wie man leben sollte. Ich spreche von der Tugend, nicht von mir.

Seneca

L E B E N S F R E U D E N

Wenn die Menschen sich kratzen, haben sie ein Wohlgefühl und es wird ihnen wie beim Liebesgenuß.

Demokrit

Die Erfolgreichen scheinen auch weise den Menschen.

Pindar

Ein Leben ohne Feste ist ein weiter Weg ohne Wirtshäuser.

Demokrit

Es tut wohl, einmal über die Stränge zu schlagen.

Horaz

Wir loben die alte Zeit, müssen aber in der jetzigen leben.

Ovid

Wenn einer Geld hat, darf er so dumm sein, als er will.

Ovid

Reich ist man nicht durch das, was man besitzt, sondern mehr noch durch das, was man mit Würde zu entbehren weiß.

Epikur [Kant]

Neminem pecunia divitem fecit.

Epist. 119, 9

Σιμωνίδης ἐρωτηθεὶς πότερον αἱρετώτερον πλοῦτος ἢ σοφία "οὐκ οἶδα" ἔφη "ὁρῶ μέντοι γε τοὺς σοφοὺς ἐπὶ τὰς τῶν πλουσίων θύρας φοιτῶντας".

[Hense IV 31, 32]

Ploratur lacrimis omissa pecunia veris.

Sat. 13, 134

Τὰ χρήματα τοῖς πλουσίοις ἡ τύχη οὐ δεδώρηται, ἀλλὰ δεδάνεικεν.

[Hense IV 41, 56]

Τὸν πλοῦτον εἶπε Τύχης ἔμετον εἶναι.

[Hense IV 31, 89]

Nec quicquam insipiente fortunato intolerabilius fieri potest.

Lael. 15 (54)

Οὔτε παρὰ νεκροῦ ὁμιλίαν οὔτε παρὰ φιλαργύρου χάριν δεῖ ζητεῖν.

[Hense 10, 55]

Ἀγησίλαος πυθομένου τινὸς διὰ τί κομῶσιν [οἱ Λάκωνες], εἶπεν ὅτι τῶν κόσμων ἀδαπανώτατός ἐστι.

[Hense IV 21, 10]

Das Geld hat noch keinen reich gemacht.

Seneca

Simonides wurde befragt, ob er die Weisheit oder den Reichtum vorzöge. Darauf sagte er: Ich weiß nicht; ich sehe nur, daß die Weisen die Häuser der Reichen fleißig besuchen.

Nach Stobäus

Um verlorenes Geld und Gut werden die aufrichtigsten Tränen geweint.

Juvenal

Das Glück hat den Reichen das Geld nicht geschenkt, sondern nur geliehen.

Bion

Monimus nennt den Reichtum des Glückes Gespei oder Geprötz.

Nach Stobäus [Frölich]

Und es kann nichts Unerträglicheres geben als einen dummen Reichen.

Cicero

Es ist weder von den Toten ein Gespräch, noch von dem Geizigen eine Wohltat zu erwarten.

Sokrates

Agesilaus sagte, als ihn einer fragte, warum die Spartaner Haare trügen: Darum, weil Haare immer noch die billigsten Schmucksachen sind.

Nach Stobäus

Semper avarus eget.

Epist. I 2, 56

Ὁ τραχύτατος δὲ συκοφάντης μνᾶς δύο λαβὼν ἄπεισιν
ἀρνίου μαλακώτερος.

[Kock 29]

Ἄπανθ' ὁ λιμὸς γλυκέα πλὴν αὐτοῦ ποιεῖ.

[Kock 293]

Si vis divitem facere, non pecuniae adiciendum, sed
cupiditati detrahendum est.

Bei Seneca, epist. 21, 7 [vgl. Usener 135]

Ἐν Πέρσαις μὲν γεννηθεὶς οὐκ ἂν ἔσπευδες οἰκεῖν τὴν
Ἑλλάδα, ἀλλ᾿ αὐτόθι διάγων εὐτυχεῖν ‘ ἐν πενίᾳ δὲ γεννηθεὶς τί σπεύδεις πλουτεῖν ἀλλ᾿ οὐκ αὐτόθι μένων
εὐτυχεῖν;

[Schenkl (C) 12]

Ἔπειτα δ᾿ οὐδὲ τοῦτο γιγνώσκεις, ὅτι τοῖς οὐδὲν οὖσιν
οὐδὲ εἰς ὅλως φθονεῖ;

[Kock 7]

Nullam, Vare, sacra vite prius severis arborem.

Od. I 18, 1

Κάτοπτρον εἴδους χαλκός ἐστ᾿, οἶνος δὲ νοῦ.

[Nauck 393]

34

Der Geizige darbt immer.

Horaz

Auch der gemeinste Schikaneur wird sanfter als ein Lämmchen, wenn du ihn schmierst.

Philippides

Der Hunger macht alle Speisen süß, nur sich selber nicht.

Antiphanes

Willst du jemanden reich machen, so mußt du ihm nicht das Gut mehren, sondern die Begierden mindern.

Epikur

Wärest du in Persien geboren, so würdest du doch dort glücklich leben und nicht begehren, in Griechenland zu wohnen. Dieweil du aber in Armut geboren bist: warum bemühest du dich reich zu werden und nicht vielmehr in dem Stande, darinnen du hergekommen bist, seliglich zu leben?

Epiktet

Weißt du denn auch das nicht, daß denen, die nichts sind, niemand neidisch ist.

Dionysius

Vor allen anderen Gewächsen, Varus, pflanze die heilige Rebe.

Horaz

Spiegel der Gestalt: das Erz, des Geistes: der Wein.

Äschylus

Ἀνάχαρσις ἔφη κιρναμένου κρατῆρος ἐφεστίου τὸν μὲν πρῶτον ὑγιείας πίνεσθαι, τὸν δὲ δεύτερον ἡδονῆς, τὸν δὲ τρίτον ὕβρεως, τὸν δὲ τελευταῖον μανίας.

[Hense 18, 25]

Ἀρχομένου δὲ πίθου καὶ λήγοντος κορέσασθαι,
μεσσόθι φείδεσθαι· δειλὴ δ' ἐνὶ πυθμένι φειδώ.

Erga 368

Absentem laedit, qui cum ebrio litigat.

Sent.

Ὡς, ὅς γε πίνων μὴ γέγηθε, μαίνεται.

Kyklop 168

Φειδώ τοι καὶ λιμὸς χρηστή· ἐν καιρῷ δὲ καὶ δαπάνη·
γινώσκειν δὲ ἀγαθοῦ.

[Diels 229]

Ἄπονον δ' ἔλαβον χάρμα παῦροί τινες,
ἔργων πρὸ πάντων βιότῳ φάος.

Olymp. X 26

Mihi crede, verum gaudium res severa est.

Epist. 23, 4

Wenn daheim der Trank gemischt wurde, weihte Anacharsis den ersten Becher der Gesundheit, den andern der Fröhlichkeit, den dritten der Ausgelassenheit, den vierten dem tobenden Überschwang.

Nach Stobäus

Herzhaft lösche den Durst an dem Ersten und Letzten des Fasses;
Spare zumitten; am Boden zu sparen ist kläglich.

Hesiod

Wer mit einem Trunkenen hadert, zankt mit einem Abwesenden.

Publilius Syrus

Wer nicht am Trinken Freude hat, der ist ein Narr.

Euripides

Sparen und Hungerleiden ist zwar nützlich, zu Zeiten aber auch Verschwenden. Ein tüchtiger Kerl muß eben dabei das Richtige treffen.

Demokrit

Mühelos aber empfingen nur wenige die Freude, die vor allen Werken dem Leben ein Licht ist.

Pindar

Glaube mir, es ist eine ernste Sache um die echte Freude.

Seneca

X

‘Ο δὲ πρακτικὸς [βίος] ἀμοιρήσας φιλοσοφίας ἄμουσος καὶ πλημμελής.

De educ. 10

Nescire, quid ante quam natus sis, acciderit, id est semper esse puerum.

Orat. 34, 120

Philosophia docuit colere divina, humana diligere.

Epist. 90, 2

Ἔφη τις τὸν Διογένην ἀνόητον εἶναι· ὃ δὲ ᾿ἀνόητος μὲν οὐκ εἰμί᾿ ἔφη ᾿τὸν δὲ αὐτὸν ὑμῖν νοῦν οὐκ ἔχω᾿.

[Hense 3, 51]

Quid est autem, quare existimem non futurum sapientem eum, qui litteras nescit, cum sapientia non sit in litteris?

Epist. 88, 32

Τοῖς δὲ σοφοῖς ἀντὶ ὀργῆς Ἡρακλείτῳ μὲν δάκρυα, Δημοκρίτῳ δὲ γέλως ἐπῄει.

[Hense 20, 53; Diels A 21]

Ingenuas didicisse fideliter artes
Emollit mores, nec sinit esse feros.

Ex Ponto II 9, 47/48

᾿Απαιδεύτου ἔργον τὸ ἄλλοις ἐγκαλεῖν, ἐφ᾿ οἷς αὐτὸς πράσσει κακῶς · ἠργμένου παιδεύεσθαι τὸ ἑαυτῷ · πεπαιδευμένου τὸ μήτε ἄλλῳ μήτε ἑαυτῷ.

Ench. 5

B I L D U N G

Das tätige Leben ohne die Philosophie ist eine Melodie ohne Schönheit und Reinheit.

Plutarch

Nicht zu wissen, was vor deiner Geburt geschehen ist, heißt immer ein Kind bleiben.

Cicero

Die Philosophie lehrt das Göttliche verehren, das Menschliche lieben.

Seneca

Einer hieß den Diogenes unsinnig; diesem sagte er: Ich bin nicht ohne Sinn, aber ich habe den Sinn nicht, den ihr habt.

Nach Stobäus

Was hindert mich einen für den Philosophen der Zukunft zu halten, der keine Silbe lesen kann? Die Weisheit beruht doch nicht in der Fachliteratur!

Seneca

Anstatt des Zorns sind den Weisen entsprungen: dem Heraklit die Zähren, dem Demokrit das Lachen.

Sotio

Die edlen Künste treu gelernt zu haben, veredelt die Sitten und läßt sie nicht verwildern.

Ovid

Der Ungebildete macht andern Vorwürfe, wenn es ihm übel geht, der Anfänger in der Bildung sich selbst, der vollkommen Gebildete weder einem andern noch sich selbst.

Epiktet

Ἡγοῦμαι σοφίας εἶναι μέρος οὐκ ἐλάχιστον
ὀρθῶς γιγνώσκειν οἷος ἕκαστος ἀνήρ.

[Bergk 3]

Καὶ γὰρ ἐγὼ τὰ μὲν ὅσσα καρήατι τῆμος ἔδωκα
ξανθὰ σὺν εὐόδμοις ἁβρὰ λίπη στεφάνοις,
ἄπνοα πάντ' ἐγένοντο παραχρῆμ' · ὅσσα τ' ὀδόντων
ἔνδοθι νειαίραν τ' εἰς ἀχάριστον ἔδυ,
καὶ τῶν οὐδὲν ἔμεινεν ἐς αὔριον · ὅσσα δ' ἀκουαῖς
εἰσεθέμην, ἔτι μοι μοῦνα πάρεστι τάδε.

[Wachsmuth II 4, 9]

XI

Postquam docti prodierunt, boni desunt; simplex enim
illa et aperta virtus in obscuram et sollertem scien-
tiam versa est docemurque disputare, non vivere.

Bei Seneca, Epist. 95, 13

Erige te et relinque istum ludum litterarium philosopho-
rum, qui rem magnificentissimam ad syllabas vocant,
qui animum minuta docendo demittunt et conterunt: fies
similis illis, qui invenerunt ista, non qui docent et id
agunt, ut philosophia potius difficilis quam magna videa-
tur.

Epist. 71, 6

Nullus est liber tam malus, ut non aliqua parte prosit.

Epist. III 5, 10

Nicht der verächtlichste Teil an der Weisheit dünkt
mich die Gabe,
Recht die besond're Natur jeder Person zu versteh'n.

Euenos

Alles, was ich vor Zeiten meinem Haupt und Haaren
für Zierde mit Kränzen und Salben angelegt, das hat
bald allen seinen Geruch verloren. Auch das, was zwischen die Zähne und in den undankbaren Leib ging, davon ist nichts bis zum nächsten Tag geblieben: alles aber,
was ich mit den Ohren aufgenommen, ist allein noch
übrig.

Kallimachus

W I S S E N S C H A F T

Seit es Gelehrte gibt, gibt es keine guten Menschen
mehr; die alte schlichte und freie Tugend hat sich in
eine dunkle und beschwerliche Wissenschaft verwandelt
und wir lernen trefflich zu disputieren, aber nicht zu leben.

Lukrez

Auf, wende dich von diesem wissenschaftlichen Gesell-
schaftsspiel der Philosophieprofessoren ab, die an den höch-
sten Gegenständen nur Silbenstecherei üben und durch
ihre Kleinigkeitskrämerei den Geist entwürdigen und
zermürben. Strebe den schöpferischen Denkern nach und
nicht jenen, die über sie nur Vorlesungen halten mit der
Wirkung, daß die Weisheit mehr verwirrt als erhebt. Seneca

Kein Buch ist so schlecht, daß es nicht irgendwie nützen
könnte.

Plinius d. J.

Νᾶφε καὶ μέμνασ' ἀπιστεῖν · ἄρθρα ταῦτα τᾶν φρενῶν.

[Diels 13]

XII

Φιλοκαλοῦμεν γὰρ μετ' εὐτελείας καὶ φιλοσοφοῦμεν ἄνευ μαλακίας.

Bei Thukydides, Pelop. Krieg II 40

Pictoribus atque poetis quidlibet audendi semper fuit aequa potestas.

Ars poetica 9/10

Δεινὸν γάρ που, ὦ Φαῖδρε, τοῦτ' ἔχει γραφή, καὶ ὡς ἀληθῶς ὅμοιον ζωγραφίᾳ. Καὶ γὰρ τὰ ἐκείνης ἔκγονα ἕστηκε μὲν ὡς ζῶντα, ἐὰν δ' ἀνέρῃ τι, σεμνῶς πάνυ σιγᾷ. Ταὐτὸν δὲ καὶ οἱ λόγοι · δόξαις μὲν ἂν ὥς τι φρονοῦντας αὐτοὺς λέγειν, ἐὰν δέ τι ἔρῃ τῶν λεγομένων βουλόμενος μαθεῖν, ἕν τι σημαίνει μόνον ταὐτὸν ἀεί. Ὅταν δὲ ἅπαξ γραφῇ, κυλινδεῖται μὲν πανταχοῦ πᾶς λόγος ὁμοίως παρὰ τοῖς ἐπαΐουσιν, ὡς δ' αὕτως παρ' οἷς οὐδὲν προσήκει, καὶ οὐκ ἐπίσταται λέγειν οἷς δεῖ γε καὶ μή · πλημμελούμενος δὲ καὶ οὐκ ἐν δίκῃ λοιδορη-θεὶς τοῦ πατρὸς ἀεὶ δεῖται βοηθοῦ.

Phaidros 275 D/E

Τὴν μὲν ζωγραφίαν ποίησιν σιωπῶσαν, τὴν δε ποίησιν ζωγραφίαν λαλοῦσαν προσαγορεύει ⟨Σιμωνίδης⟩.

Bei Plutarch, De gloria Athen. C 3

Nüchtern bleiben, immer mißtrauen ist der Nerv der
Wissenschaft.

Epicharmos

K   U   N   S   T

Wir lieben das reine Ebenmaß der Kunst und die herbe
Unerbittlichkeit des Denkens.

Perikles

Malern und Dichtern stand immer die gleiche Befugnis
zu, das zu wagen, was ihnen gefiel.

Horaz

Die Schrift ist gefährlich, Phaidros, und gleicht darin der
Malerei. Denn auch deren Geschöpfe stehen wie lebendig
vor uns da, aber wenn du sie befragst, so schweigen sie
feierlich. Ebenso auch die Worte: du möchtest glauben,
sie redeten gleich denkenden Wesen, wenn du aber einen
Ausdruck befragst und von ihm lernen willst, so sagt
er dir immer nur eines und dasselbe. Sobald es einmal
niedergeschrieben ist, kommt das Wort überall hin, zu
denen, die es verstehen, wie zu denen, für die es nicht
berechnet war, und weiß nicht zu sagen, wem es bestimmt ist und wem nicht. Und wird es beleidigt oder
unverdientermaßen geschmäht, so braucht es immer
seinen Vater als Beistand.

Plato

Die Malerei eine stumme Poesie und die Poesie eine
redende Malerei.

Simonides

Τὸ εὖ παρὰ μικρὸν διὰ πολλῶν ἀριθμῶν γίνεται.

[Diels 2]

Πολλὰ τῆς σοφίας διαφέρουσα πλεῖστα αὐτῇ ὅμοια ποιεῖ ⟨ἡ τύχη⟩.

[Diels 3]

Εἴδωλα ἐσθῆτι καὶ κόσμῳ διαπρεπέα πρὸς θεωρίην, ἀλλὰ καρδίης κενεά.

[Diels 195]

Αἱ μεγάλαι τέρψεις ἀπὸ τοῦ θεᾶσθαι τὰ καλὰ τῶν ἔργων γίνονται.

[Diels 194]

Τίλας τίς ἀηδόνα καὶ βραχεῖαν πάνυ σάρκα εὑρὼν εἶπε 'φωνὰ τύ τίς ἐσσι καὶ οὐδὲν ἄλλο'.

Apophth. Laconica inc. 15

Ἐκπρέπης ἔφορος Φρύνιδος τοῦ μουσικοῦ σκεπάρνῳ τὰς δύο τῶν ἐννέα ἐξέτεμεν, εἰπών 'μὴ κακούργει τὴν μουσικήν'.

Apophth. Laconica: Ekprepes

Καὶ ἔστιν αὖ μουσικὴ περὶ ἁρμονίαν καὶ ῥυθμὸν ἐρωτικῶν ἐπιστήμη.

Symp. 187 C

Εἰσί τινες οἳ τέχνην πεποίηνται τὸ τὰς τέχνας αἰσχροεπεῖν · ὡς μὲν οἴονται οἱ τοῦτο διαπρησσόμενοι, οὐχ ὃ ἐγὼ λέγω, ἀλλ᾽ ἱστορίης οἰκείης ἐπίδειξιν ποιεύμενοι.

Über die Kunst I

44

Das Gelingen (eines Kunstwerkes) hängt von vielen Zahlenverhältnissen ab, wobei eine Kleinigkeit den Ausschlag gibt.

Polykleitos

Glück, der Kunst so ganz unähnlich, bringt doch sehr viel ähnliches wie sie hervor.

Ion von Chios

Mit Gewand und Schmuck zum Schauen prächtig ausgestattete Bilder, aber es fehlt ihnen das Herz. . .

Demokrit

Die großen Freuden blühen aus der Betrachtung der schönen Werke.

Demokrit

Ein Spartaner rupfte eine Nachtigall und fand sehr wenig Fleisch. Da rief er aus: »Du bist eine Stimme und sonst weiter nichts.«

Nach Plutarch

Ekprepes, einer der Ephoren, schnitt dem Musiker Phrynis von den neun Saiten (seiner Lyra) zwei mit einem Beile ab und sagte zu ihm: »Mißhandle nicht die Musik.«

Nach Plutarch

Die Grundlage der Musik ist das Wissen um die Erotik von Harmonie und Rhythmus.

Plato

Manche Leute machen aus dem Schlechtmachen der Künste eine Kunst; dabei tun sie — nach ihrer Ansicht wenigstens — nicht das, was ich von ihnen behaupte, sondern sie tragen dabei ihre eigene Gelehrtheit zur Schau.

Hippokrates

XIII

Genus irritabile vatum.

Epist. II 2, 102

Saepe enim audivi poetam bonum neminem sine inflammatione animorum existere posse et sine quodam afflatu quasi furoris.

De orat. II 46, 194

Τὸ δὲ θεοὶ μὲν τεῦξαν, ἐπεκλώσαντο δ' ὄλεθρον
ἀνθρώποις, ἵνα ἦσι καὶ ἐσσομένοισιν ἀοιδή.

Odyssee VIII 579

'Εγὼ δὲ πλέον' ἔλπομαι
λόγον 'Οδυσσέος ἢ πάθεν
διὰ τὸν ἁδυεπῆ γενέσθ' "Ομηρον.

Nemea VII 29 ff.

'Ως δ(ὲ) ἐγὼ δοκέω, δοκέων γὰρ σάφα ἴσαμι τοῦθ', ὅτι
τῶν ἐμῶν μνάμα ποκ' ἐσσεῖται λόγων τούτων ἔτι.
καὶ λαβών τις αὐτὰ περιλύσας τό μέτρον, ὃ νῦν ἔχει,
εἷμα δοὺς καὶ πορφύραν, λόγοισι ποικίλας καλοῖς,
δυσπάλαιστος ὢν τοὺς ἄλλως εὐπαλαίστους ἀποφανεῖ.

[Diels 6]

Invenias etiam disiecti membra poetae.

Sat. I 4, 62

Das reizbare Geschlecht der Dichter.

Horaz

Ich habe nämlich oft gehört, kein Dichter sei ohne inneres Feuer, keiner ohne einen gewissen Wahnsinn zu denken.

Cicero

Dazu spinnen die Ewigen Leid in das Leben der Menschen, Daß sich Gesänge daraus zukünft'ge Geschlechter bereiten.

Homer

Ich glaube, größer ist die Erzählung von Odysseus als sein Leiden geworden durch den süßredenden Homer.

Pindar

Wie ich meine (und wenn ich's meine, so weiß ich es genau), wird von diesen meinen Worten noch einmal die Rede sein. Da wird einer sie hernehmen, das Versmaß, das sie jetzt haben, ihnen vom Leibe abziehen, dafür ihnen sogar ein Purpurgewand umlegen, sie mit schönen Reden verbrämen und dann die andern damit leicht bezwingen, er selbst ein schwer bezwungener Held.

Epicharmos

Auch die aus dem Zusammenhang gerissenen einzelnen Glieder verraten noch den echten Dichter.

Horaz

Τοῖς μὲν γὰρ παιδαρίοισιν
ἔστι διδάσκαλος, ὅστις φράξει,
τοῖς ἡβῶσι δὲ ποιηταί.   Frösche 1053

In nuce inclusam Iliadem Homeri carmen in membrana
scriptum tradit Cicero.

                                    Natur. hist. VII 21, 85

Hodiernus dies solidus est. Nemo ex illo quicquam mihi
eripuit. Totus inter stratum lectionemque divisus est.

                                    Epist. 82, 3

Nulla placere diu nec vivere carmina possunt,
Quae scribuntur aquae potoribus.

                                    Epist. I 19, 2 ff.

Si natura negat, facit indignatio versum.

                                    Sat. I 79

Brevis esse laboro, obscurus fio.

                                    Ars poetica 25

Σοφοκλῆς ἐμέμφετο Αἰσχύλῳ ὅτι μεθύων ἔγραφε · "καὶ
γὰρ εἰ τὰ δέοντα ποιεῖ" φησίν "ἀλλ' οὐκ εἰδώς γε."

                                    [Dübner 22, 2; Hense 18, 32]

Nam castum esse decet pium poetam.
ipsum, versiculos nihil necesse est.

                                    Carm. 16, 5/6

48

Die Knaben haben ihren Lehrer, der sie unterrichtet, die Erwachsenen dagegen haben die Dichter.

Aristophanes

Cicero berichtet von einer Pergamenthandschrift der homerischen Ilias, die in einer Nußschale Platz gehabt hat.

Plinius d. Ä.

Der heutige Tag war ganz mein. Niemand hat mir davon genommen. Das Sofa und die Lektüre teilten sich ganz darein.

Seneca

Unmöglich können auf die Dauer Gedichte gefallen und leben, die von Wassertrinkern geschrieben werden.

Horaz

Wenn das Talent es versagt, so macht Entrüstung die Verse.

Juvenal

Kurz zu sein strebe ich an und werde dunkel.

Horaz

Sophokles verwies dem Äschylus, daß er trunken schreibe; denn, so sagte er, ob er gleich schreibe, so täte er es doch unwissend.

Nach Plutarch

Nein, es soll zwar der Dichter keusch und fromm sein, er persönlich, die Verse müssen's nicht sein.

Catull

A! quotiens dubius scriptis exarsit amator,
Et nocuit formae barbara lingua bonae!

Ars amat. III 481/82

Non est ornamentum virile concinnitas.

Epist. 115, 2

Σωκράτης ἐρωτηθεὶς διὰ τί οὐ συγγράφει "ὅτι" εἶπεν
"ὁρῶ τὰ χαρτία πολὺ τῶν γραφησομένων τιμιώτερα".

[Hense 21, 9]

Φιλόξενος παραδοθεὶς ὑπὸ Διονυσίου ποτὲ εἰς τὰς λατομίας διὰ τὸ φαυλίζειν τὰ ποιήματα αὐτοῦ, καὶ ἀνακλη-
θεὶς ἔπειτα πάλιν ἐπὶ τὴν ἀκρόασιν αὐτῶν ἐκλήθη·
μέχρι τινὸς ὑπομείνας ἀνέστη· πυθομένου δὲ τοῦ Διονυσίου "ποῖ δὴ σύ;" "εἰς τὰς λατομίας" εἶπεν.

[Hense 13, 31]

Sint Maecenates, non deerunt, Flacce, Marones.

Epigr. VIII 56, 5

Ὅτι πάντες, ὅσοι περισσὸν ἠθέλησαν εὑρεῖν
ἢ μηχανικὸν ποίημ', ἢ σοφὸν μάθημα,
οὗτοι κακὸν εἰς τὸν θάνατον τέλος ἐποίησαν,
ὑπὸ τοῦ γεννήτορος κόσμου κακῶς παθόντες.
Σωκράτην ὁ κόσμος πεποίηκεν σοφὸν εἶναι,
καὶ κακῶς ἀνεῖλεν τὸν Σωκράτην ὁ κόσμος,
ἐν τῇ φυλακῇ κώνειον ὅτι πιὼν τέθνηκε.

O, wie hat oft ein Brief noch schwankende Herzen entzündet,
Oft ein barbarischer Stil Schönheit zuschanden gemacht!

Ovid

Zierliche Abrundung des Stils ist kein männlicher Schmuck.

Seneca

Als Sokrates darauf angesprochen ward, warum er kein Buch erscheinen lasse, meinte er: Dafür ist mir das Papier zu gut.

Nach Stobäus

Als Philoxenus des Dionysius Gedichte verschmähte, wurde er in die Steinbrüche verschickt. Als er später wiederum seine Gedichte anzuhören befohlen worden, hat er nit lang zugehört und ist aufgestanden. Als ihn nun Dionysius fragte, wohin er ginge, antwortete er: Wieder in die Steinbrüche.

Nach Stobäus [Frölich]

Wenn's Mäcene nur gibt, mein Flaccus, dann gibt's auch Vergile!

Martial

Alle die etwas Vortreffliches erfinden wollten, es sei im Handwerk oder der Kunst, sind eines bösen Todes gestorben und der Schöpfer der Welt war ihnen böse.
Den Sokrates hat die Welt für weise gehalten und doch hat ihn die Welt auf üble Art getötet; da er doch im Kerker durch einen Schierlingstrunk verstarb.

πουλύποδα φαγὼν ὁ Διογένης ὠμὸν τέθνηκεν.
Αἰσχύλῳ γράφοντί⟨τι⟩ ἐπιπέπτωκε χελώνη.
Σοφοκλῆς ῥᾶγα φαγὼν σταφυλῆς, πνιγεὶς τέθνηκε.
κύνες οἱ κατὰ Θρᾴκην Εὐριπίδην ἔτρωγον.
τὸν θεῖον Ὅμηρον λιμὸς κατεδαπάνησεν.

[Hense IV 34, 8]

XIV.

Ἐν τῷ Ϝανακείῳ θύοντα σκανῆν, γυναῖκα μὴ παρί-
μεν.

Inscr. Graec. IX 1, 129

Ἀλλὰ τὸν θεὸν αὐτὸν φασὶν ποιεῖν φίλους αὐτούς,
ἄγοντα παρ' ἀλλήλους.

Lysis 214 A

Plerumque similem ducit ad similem deus.

Sent.

Sine amicitia vitam esse nullam.

Lael. 23 (86)

Πυθαγόρας ἐρωτηθείς, τί ἐστι φίλος, ἀπεκρίνατο ‚Ἄλλος
ἐγώ‘.

[Wachsmuth II 33, 13]

Μηδεὶς ἄπειρος τῶν ἐμῶν εἴη φίλων
ἔρωτος· ἐντυχὼν δὲ τὸν θεὸν λάβοι.

[Nauck 1]

Diogenes verschluckte einen rohen Polypen und starb daran. Da Äschylus schrieb, fiel ihm eine Schildkröte auf den Kopf, so daß er starb. Sophokles erstickte an dem Kern einer Weintraube. Den Euripides haben die thrakischen Hunde gefressen. Der himmlische Homer ist Hungers gestorben.

Sotades

F R E U N D S C H A F T

Im Tempelbezirk der Dioskuren darf der Opfernde zelten. Frauen ist der Eintritt verboten.

Tafel bei Elatea

Gott macht die Freunde, Gott bringt den Freund zum Freunde.

Plato

Immer doch führet den gleichen der Gott mit dem gleichen zusammen.

Publilius Syrus

Ohne Freundschaft gibt es kein Leben.

Cicero

Als Pythagoras gefragt wurde, was ein Freund sei, antwortete er: »Ein zweites Ich.«

Nach Stobäus

Keiner meiner Freunde soll mit Eros unbekannt sein, sondern ihn halten, wo er ihm begegnet.

Zopyrus

Ὥσπερ ὁ οἶνος κίρναται τοῖς τῶν πινόντων τρόποις,
οὕτω καὶ ἡ φιλία τοῖς τῶν χρωμένων ἤθεσι.

[Wachsmuth II 33, 12]

Idem velle atque idem nolle, ea demum firma amicitia
est.

De coniur. Catil. 20, 4

Quid nos, quibus te vita si superstite
Jucunda, si contra, gravis?
Utrumne iussi persequemur otium
Non dulce, ni tecum simul?

Epod. 1, 5

Ὁμοφροσύνη φιλίην ποιεῖ.

[Diels 186]

Διογένης ἐρωτηθείς, τί ἐστι φίλος, ‚μία ψυχὴ ⟨ἔφη⟩ ἐν
δυσὶ σώμασι κειμένη'.

[Wachsmuth II 33, 10]

Εἷς ἐμοὶ μύριοι, ἐὰν ἄριστος ᾖ.

[Diels 49]

Ἱππάρχου τοῦ Εὐβοέως ἀποθανόντος, δῆλος ἦν βαρέως
φέρων· εἰπόντος δέ τινος ‘ἀλλὰ μὴν ὡραῖος ὢν ἐκεῖνος
ἀποτέθνηκεν', ‘ἑαυτῷ γε' εἶπεν, ‘ἐμοὶ δὲ ταχέως· ἔφθη
γὰρ τελευτῆσαι πρὶν ἢ παρ' ἐμοῦ χάριν ἀξίαν τῆς φιλίας
ἀπολαβεῖν'.

Reg. et imp. apophth.: Philippus 21

Wie sich der Wein dem Benehmen der Zecher mitteilt, so prägt auch die Freundschaft den Charakter derer, die sie genießen.

Aristoteles

Dasselbe wollen und dasselbe nicht wollen, das erst ist feste Freundschaft.

Sallust

Und ich? Der nur, wenn du am Leben, gerne lebt,
Der ohne dich das Leben haßt,
Soll ich, wie du es willst, der Muse pflegen, die
Mich nur, wenn du sie teilst, erfreut?

Horaz

Einklang des Denkens schafft Freundschaft.

Demokrit

Auf die Frage, was Freundschaft sei, erwiderte Diogenes: »Eine Seele in zwei Leibern.«

Nach Stobäus

Einer gilt mir zehntausend, wenn er der Beste ist.

Heraklit

Bei dem Tode des Euböers Hipparchus zeigte Philipp von Makedonien sichtbarlich eine große Betrübnis. Als ihm darauf jemand vorstellte: »Aber der Mann ist doch alt genug gestorben«, erwiderte er: »Ja für sich, aber für mich zu schnell; denn er ist eher gestorben, als er von mir den verdienten Lohn für seine Freundschaft erhalten konnte.«

Nach Plutarch

Ἀλλά, φίλος, θάνε καὶ σύ· τί ἢ ὀλοφύρεαι οὕτως;
κάτθανε καὶ Πάτροκλος, ὅπερ σέο πολλὸν ἀμείνων.

Ilias 21, 106

Ζῆν οὐκ ἄξιος, ὅτῳ μηδείς ἐστι χρηστὸς φίλος.

[Diels 99]

XV

Πρώτιστον μὲν Ἔρωτα θεῶν μητίσατο πάντων.

[Diels 13]

Si vis amari, ama!

Bei Seneca, Epist. 9, 6

Blanditia, non imperio, fit dulcis venus.

Sent.

Amare et sapere vix Deo conceditur.

Sent.

Amantis iusiurandum poenam non habet.

Sent.

Nullis amor est medicabilis herbis.

Tristia IV 3, 37

Τυφλοῦται γὰρ περὶ τὸ φιλούμενον ὁ φιλῶν.

Gesetze V 731 E

56

Stirb denn, Lieber, auch du! Warum wehklagest du also?
Starb doch auch Patroklos, der weit an Kraft dir voran-
ging!
                                                    Homer

Der verdient nicht zu leben, der keinen einzigen braven
Freund besitzt.
                                                   Demokrit

L   I   E   B   E

Zuerst erschuf sie (die Göttin) von allen Göttern den
Eros.
                                                 Parmenides

Willst du geliebt werden, liebe!
                                                   Hekaton

Die Liebe will erschmeichelt, nicht befohlen sein!
                                             Publilius Syrus

Lieben und vernünftig sein, ist kaum einem Gotte möglich.
                                             Publilius Syrus

In der Liebe muß man Beteuerungen nicht so ernst nehmen.
                                             Publilius Syrus

Die Liebe ist durch kein Kraut zu heilen.
                                                      Ovid

Denn der Liebende verliert den klaren Blick für den
Gegenstand seiner Liebe.   Plato

Nihil difficile amanti puto.

Orat. 10 (33)

Rivalem possem non ego ferre Jovem.

Eleg. II 34, 18

Nec tecum possum vivere, nec sine te.

Epigr. XII 47, 2

Amor, ut lacrima, ab oculo oritur, in pectus cadit.

Sent.

Αἰδὼς ἐν ὀφθαλμοῖσι γίγνεται, τέκνον.

[Hense 31, 15; Nauck 458]

Epistola non erubescit.

Ad fam. V 12, 1

Oscula qui sumpsit, si non et cetera sumet,
Haec quoque, quae data sunt, perdere dignus erit!

Ars amat. I 669/70

Καθαρὸν ἂν τὸν νοῦν ἔχῃς, ἅπαν τὸ σῶμα καθαρὸς εἶ.

[Diels 26]

Ἀεὶ γὰρ ἡδίων ἡ πρόσφατος ἀφροδίτη.

Hetärenbriefe 11

Σωκράτης ἔλεγε δεῖν τὰς ἡδονὰς μὴ παρ' ἄλλων ἀλλὰ
παρ' ἑαυτῶν θηρᾶσθαι.

[Hense 5, 35]

58

Nichts, glaube ich, ist für den Liebenden zu schwer.

Cicero

Ich könnte sogar Jupiter als Nebenbuhler nicht ertragen.

Properz

Nicht kann ich mit dir, nicht ohne dich leben.

Martial

Die Liebe und die Zähren entspringen im Auge und überfallen das Herz.

Publilius Syrus

Die Scham fängt in den Augen an, mein Kind.

Euripides

Ein Brief errötet nicht.

Cicero

Wer erst Küsse sich nahm und nun sich das Übrige nicht
   nimmt,
Der hat verdient, daß er auch, was ihm gegeben, verliert.

Ovid

Nur das Herz behalte keusch, und keusch bist du am
ganzen Leib.

Epicharmos

Neue Liebe bringt neuen Reiz.

Alkiphron

Sokrates sagt, wir müßten die Freuden nicht aus andern,
sondern aus uns selbst schöpfen.

Nach Stobäus

Σωκράτης ἐρωτηθεὶς τί ἐστιν εὐδαιμονία "ἡδονὴ ἀμετα-
μέλητος" ἔφη.   [Hense IV 39, 18]

XVI

Τὰς μὲν γὰρ ἑταίρας ἡδονῆς ἕνεκα ἔχομεν, τὰς ⟨δὲ⟩
παλλακὰς τῆς καθ' ἡμέραν θεραπείας τοῦ σώματος,
τὰς δὲ γυναῖκας τοῦ παιδοποιεῖσθαι γνησίως καὶ τῶν
ἔνδον φύλακα πιστὴν ἔχειν.   Κατὰ Νεαίρας 59, 1386

Ἀθάνατόν ἐστι κακὸν ἀναγκαῖον γυνή.
                               [Hense IV 22, 30; Kock 196]

Varium et mutabile semper femina.

                                            Aen. IV 569

Τῶν γὰρ πλούτων ὅδ' ἄριστος
γενναῖον λέχος εὑρεῖν.

                                 Andromeda [Nauck 137]

Quot caelum stellas, tot habet tua Roma puellas.

                                         Ars amat. I 59

Munditias mulieribus, viris laborem convenire.

                               Bei Sallust, Bell. Iug. 85, 40

Τῆς τε γὰρ ὑπαρχούσης φύσεως μὴ χείροσι γενέσθαι
ὑμῖν μεγάλη ἡ δόξα καὶ ἧς ἂν ἐπ' ἐλάχιστον ἀρετῆς
πέρι ἢ ψόγου ἐν τοῖς ἄρσεσι κλέος ᾖ.

                                  Pelop. Krieg II 45, 2

Sokrates gefragt, was Seligkeit sei, antwortete: Genuß ohne Reue.

Nach Stobäus

W E I B

Die Hetären haben wir zur Lust, die Dirnen zur täglichen Körperpflege, die Frauen hingegen zur Gewinnung vollbürtiger Kinder und zur treuen Hut des Heimes.

Demosthenes

Das Weib ist ein ewiges und notwendiges Übel.

Philemon

Das Weib ist ein unbeständiges und wankelmütiges Wesen.

Vergil

Unter allen Reichtümern ist das der beste: eine edle Gattin finden.

Euripides

Soviel Sterne am Himmel, soviel Mädchen hat Rom.

Ovid

Den Weibern steht der Schmuck gut, den Männern die Arbeit.

Marius

Ihr werdet großen Ruhm ernten, wenn ihr euch nicht schwächer erweist, als die Natur euch schuf, und groß ist schon der Ruhm der Frau, von der unter den Männern im guten oder im schlimmen Sinn möglichst wenig Gerede gemacht wird!

Thukydides

Feminarum curam gerere, desperare est otium.

Sent.

Pessima sit, nulli non sua forma placet.

Ars amat. I 614

Γύναι, γυναιξὶ κόσμον ἡ σιγὴ φέρει.   Aiax 283

Γυνὴ μὴ ἀσκείτω λόγον, δεινὸν γάρ.

[Diels 110]

Nulla fere causa est, in qua non femina litem moverit

Sat. VI 242

Πολὺ χεῖρόν ἐστιν ἐρεθίσαι γραῦν ἢ κύνα.

[Hense IV 22, 158; Kock 802]

Aperte mala cum est mulier, tum demum est bona.

Sent.

Τῆς δὲ μητρὸς αὐτοῦ παρήλικος μὲν οὔσης δοθῆναι δὲ
ἀνδρὶ βουλομένης, ἔφη 'τοὺς μὲν τῆς πόλεως βιάσασθαι
νόμους δύνασθαι, τοὺς δὲ τῆς φύσεως μὴ δύνασθαι'.

Apophth. reg. et imp.: Dionysius d. Ä. 6

XVII

Μὴ μείνῃς ἄγαμος, μή πως νώνυμνος ὄληαι·
δός τι φύσει καὐτός· τέκε δ' ἔμπαλιν, ὡς ἐλοχεύθης.

[Bergk 175/76]

Frauen müssen Sorgen haben, keine Hoffnung auf müßiges Leben.   Publilius Syrus

Kein Weib hält sich selbst für häßlich.   Ovid

Weib, den Weibern bringt Schweigen Ehre.   Sophokles

Das Weib soll nicht seine Zunge üben, denn das wäre furchtbar.   Demokrit

Kaum gibt's einen Prozeß, wo den Streit nicht ein Weib begonnen hätte.   Juvenal

Es ist gefährlicher ein altes Weib zu erzürnen als einen Hund.   Menander

Ein böses Weib ist nicht mehr böse, wenn man es kennt.
                                                 Publilius Syrus

Als seine Mutter, die schon über die besten Jahre hinaus war, ihm anlag, ihr einen Mann zu verschaffen, sagte Dionysius d. Ä.: Den Gesetzen der Stadt ließe sich wohl Gewalt antun, denen der Natur aber nicht.
                                                 Nach Plutarch

E   H   E

Meide die Ehe nicht, Sohn, daß nicht dein Name verschwinde;
Gib der Natur ihr Recht, und zeuge so, wie du gezeugt warst.   Pseudophokylides

Ὁ εὐγενὴς καὶ εὔψυχος νέος ἔτι δ᾽ ἥμερος καὶ πολιτικὸς
θεωρῶν διότι τέλειος οἶκος καὶ βίος οὐκ ἄλλως δύναται
γενέσθαι ἢ μετὰ γυναικὸς καὶ τέκνων.

Ehebüchlein fr. 63 [Arnim]

Ἐξώλης ἀπόλοιθ᾽ ὅστις ποτὲ ὁ πρῶτος ἦν γήμας.

[Kock 154]

Ὡς ἔστι τὸ γαμεῖν ἔσχατον τοῦ δυστυχεῖν.

[Hense IV 22, 56; Kock 292]

Ζευχθεὶς γάμοισιν οὐκέτ᾽ ἔστ᾽ ἐλεύθερος.

[Hense IV 22, 13; Nauck 828]

Ὑπὸ γυναικὸς ἄρχεσθαι ὕβρις ἂν ἀνδρὶ εἴη ἐσχάτη.

[Diels 111]

Quid enim iucundius quam uxori tam carum esse, ut
propter hoc tibi carior fias?

Epist. 104, 5

Intolerabilius nihil est, quam femina dives.

Sat. 6, 460

Ὅταν πένης ὢν καὶ γαμεῖν τις ἑλόμενος
τὰ μετὰ γυναικὸς ἐπιδέχηται χρήματα,
αὐτὸν δίδωσιν, οὐκ ἐκείνην λαμβάνει.

[Hense IV 22, 95; Kock 583]

Θεμιστοκλῆς τῶν τὴν θυγατέρα μνωμένων αὐτοῦ τὸν
ἐπιεικῆ τοῦ πλουσίου προτιμήσας, ἄνδρα ἔφη ζητεῖν χρημάτων δεόμενον μᾶλλον ἢ χρήματα ἀνδρός.

[Hense IV 28, 11]

64

Ein junger Mann, an Leib und Seele wohlgeschaffen, gesittet und sozial, bedenkt, daß Haus und Leben nicht anders sinnvoll werden kann als durch Weib und Kinder.

Antipater

Dreimal verflucht sei der, der als erster geheiratet hat.

Menander

Die Hochzeit ist der größte Unfall.

Antiphanes

Wer sich verheiratet, der ist nicht mehr er selbst.

Hippothoon

Einem Weibe hörig zu sein ist für einen Mann wohl die äußerste Schmach.

Demokrit

Was ist schöner als deiner Gattin so teuer zu sein, daß du dadurch dir selbst teurer wirst?

Seneca

Nichts ist unerträglicher, als eine Frau mit viel Geld.

Juvenal

Wenn ein Armer heiratet und eines Weibes Mitgift empfängt: der heiratet nicht, der w i r d geheiratet.

Menander

Als Themistokles unter den zwei Bewerbern um seine Tochter den wohlgesitteten dem reichen vorzog, sagte er: Ihm wäre lieber ein Mann ohne Geld, als ein Geld ohne Mann.

Nach Stobäus

Σπαρτιατῶν νόμος τάττει ζημίας, τὴν μὲν πρώτην ἀγαμίου, τὴν δευτέραν ὀψιγαμίου, τὴν τρίτην καὶ μεγίστην κακογαμίου.

[Hense IV 22, 16]

Κλεόβουλος ἔφη δεῖν συνοικίζειν ἀνδράσι τὰς ἑαυτῶν θυγατέρας τὴν μὲν ἡλικίαν παρθένους, τὸ δὲ φρονεῖν γυναῖκας.

[Hense IV 22, 106]

Γυνὴ γάρ ⟨ἐστι⟩ τἄλλα μὲν φόβου πλέα,
κακὴ δ᾽ ἐς ἀλκὴν καὶ σίδηρον εἰσορᾶν·
ὅταν δ᾽ ἐς εὐνὴν ἠδικημένη κυρῇ,
οὐκ ἔστιν ἄλλη φρὴν μιαιφονωτέρα.   Medea 263 ff.

Ὁ Ῥωμαῖος ὑπὸ τῶν φίλων νουθετούμενος, ὅτι σώφρονα γυναῖκα καὶ πλουσίαν καὶ ὡραίαν ἀπεπέμψατο, τὸ καλλίγιον αὐτοῖς προτείνας "καὶ γὰρ τοῦτο" ἔφη "καλὸν ἰδεῖν καὶ καινόν, ἀλλ᾽ οὐδεὶς οἶδεν ὅπου με θλίβει".

Ehebüchlein 22

Σώφρονος γυναικὸς ἀρετὰ τὸν συνόντα μὴ ἀδικεῖν (ἄνδρα).

[Diels 35]

Πᾶσιν δ᾽ ἀνθρώποις ἄρ᾽ ἦν ψυχὴ τέκνα.

Andromache 418/19

Γενόμενοι ζώειν ἐθέλουσι μόρους τ᾽ ἔχειν, μᾶλλον δὲ ἀναπαύεσθαι, καὶ παῖδας καταλείπουσι μόρους γενέσθαι.

[Diels 20]

Die Gesetze der Spartaner hatten Strafe verordnet: erstlich denen, die kein Weib nahmen, dann jenen, die spät heirateten, drittens und am schwersten aber für die, die sich schlecht verheirateten.

Ariston

Cleobulus sagte, man sollte die Töchter, wenn sie nach dem Alter Jungfrauen, der Vernunft nach aber Frauen wären, verheiraten.

Nach Stobäus

Denn sonst ist das Weib voll Furcht, untauglich zu Kampf und Schwert: wenn man sie aber in Ehedingen aufbringt, dann gibt's kein wütenderes Gemüt auf Erden.

Euripides

Als ein Römer seinem Freunde Vorwürfe darüber machte, daß er sein keusches, reiches und schönes Weib von sich gestoßen hätte, zeigte der einen neuen Schuh vor und sagte: Ist doch auch dieser neu und hübsch, aber keiner weiß, wo er mich drückt.

Nach Plutarch

Einer verständigen Frau Tugend heißt: ihrem Gatten nicht weh zu tun.

Epicharmos

Allen Menschen sind ihre Kinder ihr Leben.

Euripides

Wenn sie geboren sind, schicken sie sich an zu leben und den Tod zu erleiden, oder vielmehr auszuruhen, und sie hinterlassen Kinder, damit auch sie den Tod erleiden.

Heraklit

Γεννῶντάς τε καὶ ἐκτρέφοντας παῖδας, καθάπερ λαμ
πάδα τὸν βίον παραδιδόντας ἄλλοις ἐξ ἄλλων . . .

Gesetze 776 B

XVIII

Γένοι', οἷος ἐσσὶ ⟨μαθών⟩.

Pythia II 131

Πᾶν ἑρπετὸν πληγῇ νέμεται.

[Diels 11]

Maxima debetur puero reverentia.

Sat. 14, 47

Χρὴ παῖδ' ἔτ' ἐόντα
καλὰ διδάσκειν ἔργα.

[Bergk 13]

Τεκνοτροφίη σφαλερόν · τὴν μὲν γὰρ ἐπιτυχίην ἀγῶνος
μεστὴν καὶ φροντίδος κέκτηται, τὴν δὲ ἀποτυχίην ἀνυ-
πέρθετον ἑτέρῃ ὀδύνῃ.

[Diels 275]

Καθόλου δ' ἀπείργειν προσήκει τοὺς παῖδας τῆς πρὸς
τοὺς πονηροὺς ἀνθρώπους συνουσίας. Ἀποφέρονται γάρ
τι τῆς τούτων κακίας.

De educ. 14

Ἡ τέκνοις ἄγαν χρημάτων συναγωγὴ πρόφασίς ἐστι
φιλαργυρίης τρόπον ἴδιον ἐλέγχουσα.

[Diels 222]

Kinder zeugend und aufziehend, das Leben gleich eine
Fackel weitergebend . . .

Plato

E   R   Z   I   E   H   U   N   G

Werde, der du bist!

Pindar

Alles was kreucht, wird mit der Geißel zur Weide ge-
trieben.

Heraklit

Das größte Zartgefühl schulden wir dem Knaben.

Juvenal

Noch als Kinder müssen die Menschen das Schöne er-
lernen.

Phokylides

Kindererziehung ist eine unsichere Sache. Wenn es
glückt, so ist es Kampf und Sorge gewesen; wenn es
aber nicht glückt, ist der Kummer mit keinem andern
zu vergleichen.

Demokrit

Überhaupt haltet nur die Söhne von allem schlechten
Umgang zurück, denn es bleibt jedesmal von der Schlech-
tigkeit etwas kleben.

Plutarch

Allzu starkes Geldanhäufen für die Kinder ist nur ein
Vorwand, durch den sich der eigentliche Charakter der
Habgier verrät.

Demokrit

Φίλων ἁμαρτήματα φέρομεν· τί θαυμαστὸν εἰ τέκνων;

De educ. 18

Πατρὸς σωφροσύνη μέγιστον τέκνοις παράγγελμα.

[Diels 208]

Οὐδὲν ἐν ἀνθρώποισι πατρὸς καὶ μητρὸς ἄμεινον
ἔπλεθ᾽, ὅτοις ὁσίη [Κύρνε] μέμηλε δίκη.

[Bergk 131/32]

Τὰ τῶν τεκόντων ὄμμαθ᾽ ἥδιστον βλέπειν,

Oed. rex 999

Οὐκ ἔστι μητρὸς οὐδὲν ἥδιον τέκνοις·
ἐρᾶτε μητρός, παῖδες, ὡς οὐκ ἔστ᾽ ἔρως
τοιοῦτος ἄλλος ὅστις ἡδίων ἐρᾶν.

[Nauck 360]

Λέαινα, ὀνειδιζομένη ὑπὸ ἀλώπεκος ἐπὶ τῷ διὰ παντὸς
τοῦ χρόνου ἕνα τίκτειν, „ἕνα,“ ἔφη „ἀλλὰ λέοντα“.

240 [Halm]

Ὁ νοῦς . . . ἐοικὼς πινακίδι ἀγράφῳ.

De anima 84, 25 [Bruns]

Scire aliquid laus est, pudor est, nil discere velle.

[Némethy 4, 29]

Ὅστις νέος ὢν Μουσῶν ἀμελεῖ,
τόν τε παρελθόντ᾽ ἀπόλωλε χρόνον
καὶ τὸν μέλλοντα τέθνηκε.

[Nauck 927]

Wir ertragen die Fehler unserer Freunde, warum nicht auch die unserer Kinder?

Plutarch

Vaters Selbstbeherrschung ist für die Kinder die wirksamste Vermahnung.

Demokrit

Kein kostbareres Gut, als Vater und Mutter zu haben,
Denen das heilige Recht immer im Herzen gewohnt.

Theognis

Ins Auge seiner Eltern zu schauen, ist am süßesten.

Sophokles

Süß wie die Mutter ist dem Kind auf Erden nichts,
Ja, Kinder, habt die Mutter lieb! Das Leben bringt
Euch keine Liebe, die so wohl wie diese tut.

Euripides

Der Fuchs schmähte die Löwin, daß sie immer nur e i n Junges werfe. »Ja,« erwiderte sie, »aber einen Löwen.«

Äsopische Fabeln

Die Vernunft, einer unbeschriebenen Tafel gleichend.

Alexander aus Aphrodisias

Nichts wissen ist keine Schande, aber Nichts lernen wollen.

Dionysius Cato

Wer die Musen versäumt in der Jugendzeit,
Der schneidet sich selbst die Vergangenheit ab
Und ist bereits tot für die Zukunft.

Euripides

Occidit miseros crambe repetita magistros.

Sat. 7, 154

Καὶ τὰ πρόβατα οὐ χόρτον φέροντα τοῖς ποιμέσιν
ἐπιδεικνύει, πόσον ἔφαγεν, ἀλλὰ τὴν νομὸν ἔσω πέψαντα
ἔρια ἔξω φέρει καὶ γάλα.

Ench. 46

Τίκτει γὰρ οὐδὲν ἐσθλὸν εἰκαία σχολή·
θεὸς δὲ τοῖς ἀργοῦσιν οὐ παρίσταται.

[Nauck 287 u. adesp. 527]

Quod natura negat, reddere nemo potest.

Eleg. 5, 54

Iam scies patrem tuum mercedem perdidisse.

Sat. 58

XIX

Τῷ μὲν θεῷ καλὰ πάντα καὶ ἀγαθὰ καὶ δίκαια, ἄνθρωποι δὲ ἃ μὲν ἄδικα ὑπειλήφασιν ἃ δὲ δίκαια.

[Diels 192]

Homo bonus semper tiro.

Epigr. XII 51, 2

Εἰ βούλει ἀγαθὸς εἶναι, πρῶτον πίστευσον ὅτι κακὸς εἶ.

[Schenkl (C) 3; Hense 1, 48]

Immer wieder aufgewärmter Kohl tötet die armen Schullehrer.

Juvenal

Die Schafe beweisen dem Hirten nicht dadurch, daß sie das Gras wieder von sich geben, wieviel sie gefressen haben, sondern sie verdauen das Futter innerlich und geben Wolle und Milch.

Epiktet

Achtlose Trägheit wird des Guten Mutter nie
Und keine gute Gottheit steht dem Faulen bei.

Sophokles

Was die Natur versagt hat, kann niemand geben.

Maximian

Du wirst bald merken, daß dein Vater das Schulgeld umsonst ausgegeben hat.

Petronius Arbiter

G U T   U N D   B Ö S E

Vor Gott ist alles schön, gut und gerecht; aber die Menschen wähnen, das eine sei unrecht, das andere recht.

Heraklit

Ein guter Mensch bleibt immer ein Anfänger.

Martial

Begehrest du gut zu werden, so glaub zum ersten, daß du bös seiest.

Epiktet

'Ανδρῶν δ' ὅτῳ χρὴ τὸν κακὸν διειδέναι,
οὐδεὶς χαρακτὴρ ἐμπέφυκε σώματι;

Medea 518/19

Nemo est casu bonus, discenda virtus est.

Epist. 123, 15

Erras, mi Lucili, si existimas nostri saeculi esse vitium
luxuriam et neglegentiam boni moris et alia, quae obiecit
suis quisque temporibus: hominum sunt vitia, non tem-
porum.

Epist. 97, 1

'Αδικεῖ πολλάκις ὁ μὴ ποιῶν τι, οὐ μόνον ὁ ποιῶν τι.

Selbstschau IX 5

Λήθη τῶν ἰδίων κακῶν θρασύτητα γεννᾷ.

[Diels 196]

Πολλοὶ δρῶντες τὰ αἴσχιστα λόγους ἀρίστους ἀσκέουσιν.

[Diels 53 a]

Illud saepe facit, quod sine teste facit.

Epigr. VII 62, 6

Alitur vitium vivitque tegendo.

Georg. III 454

'Αντὶ δὲ πληγῆς φονίας φονίαν
πληγὴν τινέτω· δράσαντι παθεῖν,
τριγέρων μῦθος τάδε φωνεῖ.

Grabesspenderinnen 312/14

Wächst den Menschen kein Leibzeichen, daran man ihre Bosheit erkännte?

Euripides

Niemand ist zufällig gut, die Tugend muß man lernen.

Seneca

Du irrst, mein Lucilius, wenn du Üppigkeit, Sittenverderbnis und das Übrige, was jeder seiner eigenen Zeit vorgehalten hat, für einen Fehler unseres Jahrhunderts hältst: das sind Fehler der Menschen, nicht der Zeiten.

Seneca

Oft tut auch d e r unrecht, der nichts tut, nicht bloß, der etwas tut. Marc Aurel

Vergessen der eigenen Sünden erzeugt Frechheit.

Demokrit

Viele, die die schändlichsten Dinge tun, führen die vortrefflichsten Reden.

Demokrit

Das tut er oft, was er ohne Zeugen tun kann.

Martial

Das Laster lebt und wächst unter der Decke.

Vergil

Für blutigen Mord sei blutiger Mord!
Wer tat, muß leiden! so heißt das Gesetz
In den heiligen Sprüchen der Väter!

Äschylus

Mendacem memorem esse oportet!

Inst. orat. IV 2, 91

Non opibus mentes hominum curaeque levantur.

Eleg. III 3, 21

Dat veniam corvis, vexat censura columbas.

Sat. II 63

Jus summum saepe summa est malitia.

Heautontimorumenos IV 5, 48

Ὅρχον παραίτησαι, εἰ μὲν οἷόν τε, εἰς ἅπαν · εἰ δὲ μὴ,
ἐκ τῶν ἐνόντων.

Ench. 33, 5

Λύκος ἰδὼν ποιμένας ἐσθίοντας ἐν σκηνῇ πρόβατον
ἐγγὺς προσελθὼν „ἡλίκος" ἔφη „ἂν ἦν ὑμῖν θόρυβος,
εἰ ἐγὼ τοῦτο ἐποίουν;"

282 [Halm]

Πρὸς δὲ τὸν κολαζόμενον καὶ λέγοντα 'ἄκων ἥμαρτον'
εἰπέ τις 'ἄκων τοίνυν καὶ κολάζου.'

Apophth. Laconica inc. 11

Conscius ipse sibi de se putat omnia dici.

[Némethy I 17]

Ἡ δὲ μωρία
μάλιστ᾽ ἀδελφὴ τῆς πονηρίας ἔφυ. [Nauck 839]

Ein Lügner muß ein gutes Gedächtnis haben.

Quintilian

Ein böses Gewissen läßt sich nicht mit Geld zum Schweigen bringen.

Tibull

Der Tadel schont die Raben und quält die Tauben.

Juvenal

Das strengste Recht ist oft die größte Ungerechtigkeit.

Terenz

Den Eid lehne wenn möglich ganz ab; ist es nicht möglich, soweit es geht.

Epiktet

Der Wolf sah einige Hirten in ihrer Hütte ein Lamm verzehren. Er trat näher und sprach: »Was für Lärm würdet ihr schlagen, wenn ich das täte!«

Äsopische Fabeln

Zu einem, der bestraft wurde und sich entschuldigte, »ich habe gegen meinen Willen gefehlt«, sprach ein anderer: »Gut, so laß dich nun auch gegen deinen Willen abstrafen.«

Nach Plutarch

Wer ein böses Gewissen hat, der meint, man rede überall nur von ihm.

Dionysius Cato

Die Dummheit ist meist der Bosheit Schwester.

Sophokles

Κακοὶ γὰρ εὖ πράσσοντες οὐκ ἀνασχετοί.

[Nauck 398]

Ὅταν εὐπορῶν τις αἰσχρὰ πράττῃ πράγματα,
τί τοῦτον ἀπορήσαντα πράξειν προσδοκᾷς;

[Kock 232]

Cantabit vacuus coram latrone viator.

Sat. X 22

Probitas laudatur et alget.

Sat. I 74

Ἐν δὲ δικαιοσύνῃ συλλήβδην πᾶσ' ἀρετή 'στιν.

[Bergk 17]

Tunc scito esse te omnibus cupiditatibus solutum, cum
eo perveneris, ut nihil deum roges nisi quod rogare possis
palam.

Bei Seneca, Epist. 10, 5

Ὥσπερ ὁ ἥλιος οὐ περιμένει λιτὰς καὶ γοητείας ἵν'
ἀνατείλῃ, ἀλλ' εὐθὺς λάμπει καὶ πρὸς ἁπάντων ἀσπά-
ζεται· οὕτω μηδὲ σὺ περίμενε κρότους καὶ ψόφους καὶ
ἐπαίνους ἵν' εὖ ποιήσῃς, ἀλλ' ἑκοντὴς εὐεργέτει, καὶ ἴσα
τῷ ἡλίῳ φιληθήσῃ.

[Schenkl (C) 67; Hense IV 5, 88]

XX

Amicus Plato, magis amica veritas.

Nach Plato, Phaidon 91 C

Schlechte Menschen sind ja im Glück unausstehlich.

Äschylus

Wann ein Geldreicher böse Taten tut, was meinst du, daß er täte, wenn er arm wäre?

Antiphanes

Der unbeschwerte Wanderer wird in der Nähe des Räubers singen.

Juvenal

Rechtschaffenheit wird gepriesen und friert dabei.

Juvenal

In der Gerechtigkeit liegen die Tugenden alle beschlossen.

Phokylides

Wisse, daß du dann von allen Begierden freigeworden bist, wenn du dahin gekommen bist, daß du Gott um nichts bittest, worum du ihn nicht öffentlich bitten könntest.

Athenodor

Gleich wie die Sonne, damit sie aufgehe, nicht auf Gebet oder Beschwörung harrt, sondern einfach scheinet und wird von den Menschen mit Freuden empfangen: also sollst auch du nicht auf Beifall, Anklopfen und Lob warten, damit du Wohltaten erzeigest. Tue sie freiwillig, so wirst du auch wie die Sonne geliebt.

Epiktet [Frölich]

W A H R H E I T

Plato ist mir lieb, aber die Wahrheit ist mir noch lieber.

Antikes Sprichwort

Errare, mehercule, malo cum Platone . . . . . . quam
cum istis vera sentire.

Tusc. disput. I 17 (39)

Ἔρχεται τἀληθὲς εἰς φῶς ἐνίοτ' οὐ ζητούμενον.

[Kock 433]

Ἀλάθεια θεῶν ὁμόπολις, μόνα θεοῖς συνδιαιτωμένα.

[Hense 11, 20]

Ὥσπερ γὰρ τὰ τῶν νυκτερίδων ὄμματα πρὸς τὸ φέγγος
ἔχει τὸ μεθ' ἡμέραν, οὕτω καὶ τῆς ἡμετέρας ψυχῆς ὁ
νοῦς πρὸς τὰ τῇ φύσει φανερώτατα πάντων.

Metaphysik I, 1 (993 b)

Ἐτεῇ δὲ οὐδὲν ἴδμεν, ἐν βυθῷ γὰρ ἡ ἀλήθεια.

[Diels 117]

Τὰ σκληρὰ γάρ τοι, κἂν ὑπέρδικ' ᾖ, δάκνει.

Aiax 1119

Ὥσπερ τὸ μέλι τὰ ἡλκωμένα δάκνει, τοῖς δὲ κατὰ
φύσιν ἡδύ ἐστιν, οὕτω καὶ οἱ ἐκ φιλοσοφίας λόγοι.

[Hense 13, 41]

Θαλῆς ὁ Μιλήσιος ἐρωτηθεὶς πόσον ἀπέχει τὸ ψεῦδος
τοῦ ἀληθοῦς "ὅσον" ἔφη "ὀφθαλμοὶ τῶν ὤτων."

[Hense 12, 14]

Lieber will ich mit Plato irren, als mit jenen (den Pythagoräern) rechthaben.

Cicero

Die Wahrheit kommt bisweilen auch unversehens zutage.

Menander

Die Wahrheit ist eine Bürgerin des Himmels und sie allein ist Tischgenossin der Götter.

Olympias [Pindar?]

Wie die Augen der Nachtvögel versagen gegenüber dem klaren Tageslicht, so auch unsere innere Erkenntniskraft gegenüber den Dingen, die von Natur aus die allerklarsten sind.

Aristoteles

Wir wissen in Wirklichkeit nichts, denn die Wahrheit liegt in der Tiefe.

Demokrit

Harte Worte, wenn sie auch nur allzu berechtigt sind, beißen doch.
Sophokles

Gleich wie der Honig den wunden Gaumen beißt, aber dem gesunden Gaumen mundet: also wirken auch die Worte der Weisen.

Aristonymus

Als Thales von Milet gefragt ward, wie weit der Abstand zwischen Wahrheit und Lüge wäre, sagte er: Soweit, wie zwischen Aug und Ohr.

Nach Stobäus

Ἀνὴρ εἰς Λακεδαίμονα ἀφίκετο Κεῖος γέρων ἤδη ὤν.
τὰ μὲν ἄλλα ἀλαζών, ᾐδεῖτο δὲ ἐπὶ τῷ γήραι καὶ τὴν
τρίχα πολιὰν οὖσαν ἐπειρᾶτο βαφῇ ἀφανίζειν. παρελθὼν
οὖν εἶπεν ἐκεῖνα ὑπὲρ ὧν καὶ ἀφίκετο. ἀναστὰς οὖν ὁ
Ἀρχίδαμος "τί ἂν" ἔφη "οὗτος ὑγιὲς εἴποι, ὃς οὐ μόνον
ἐπὶ τῇ ψυχῇ τὸ ψεῦδος, ἀλλὰ καὶ ἐπὶ τῇ κεφαλῇ περι-
φέρει ;"

[Hense 12, 19]

XXI

Quae regio in terris nostri non plena laboris?

Aen. I, 460

Οὐδεὶς γὰρ ὢν ῥᾴθυμος εὐκλεὴς ἀνήρ,
ἀλλ' οἱ πόνοι τίκτουσι τὴν εὐανδρίαν.

Archelaus [Nauck 239]

Otia si tollas, periere Cupidinis arcus.

Rem. 139

Leve fit, quod bene fertur, onus.

Amor. I 2, 10

Tardius rescribo ad epistolas tuas; non quia distric-
tus occupationibus sum; hanc excusationem cave audias.
vaco et omnes qui volunt vacant.

Epist. 106, 1

Ein betagter Mann aus Kos kam nach Lacedämonien, ward sonst ruhmredig, schämet sich aber seines Alters, weshalb er sich unterstand, das graue Haar zu färben. Als er aber an den Markt ging von seinen Sachen zu reden, um die er dahin gekommen war, stand Archidamus auf und sagte: Was sollte der Gerechtes sagen, der die Lüge nicht allein in der Seele, sondern sogar auf dem Kopf umherträgt?

Älian [Frölich]

A   R   B   E   I   T

Welche Gegend auf Erden ist nicht erfüllt von unserer Arbeit?

Vergil

Kein fauler Mensch ist vortrefflich; aber die Arbeit bringet Adligkeit.

Euripides

Wenn du arbeitest, kann dir Amors Bogen nichts tun.

Ovid

Gernetun macht jede Last leichter.

Ovid

Etwas spät beantworte ich Deinen Brief, doch nicht deshalb, weil ich »von Geschäften so sehr in Anspruch genommen bin«. Auf eine solche Entschuldigung etwas zu geben, davor hüte dich! Ich habe Zeit und jeder hat sie, wenn er nur den guten Willen hat.

Seneca

Nec tempora perde precando.   Metam. XI 286

Γελοῖοι δ' ἴσως ἐσμὲν ἐπὶ τῷ μανθάνειν τὰ ζῷα σεμ-
νύνοντες ὧν μαθητὰς ἐν τοῖς μεγίστοις γεγονότας ἡμᾶς·
ἀράχνης ἐν ὑφαντικῇ καὶ ἀκεστικῇ, χελιδόνος ἐν οἰκοδομίᾳ,
καὶ τῶν λιγυρῶν κύκνου καὶ ἀηδόνος ἐν ᾠδῇ κατὰ μίμησιν.

[Diels 154]

[Ex quo genere comparationis illud est Catonis senis:]
a quo cum quaereretur, quid maxume in re familiari
expediret, respondit: »Bene pascere.« Quid secundum?
»Satis bene pascere.« Quid tertium? »Male pascere.«
Quid quartum? »Arare.«

De off. II 25 (89)

Oculi et vestigia domini res agro saluberrimae.

De re rustica IV 18

Multaque, dum fiunt turpia, facta placent.

Ars amat. III 218

XXII

'Aνήρ
Τοιοῦτός ἐσθ' οἷοσπερ ἥδεται συνών.

Phoenix [Nauck 809, 9]

Tunc praecipue in te ipse secede, cum esse cogeris in
turba.

Bei Seneca, Epist. 25, 6 [Usener 209]

84

Verliere keine Zeit durch Bitten.   Ovid

Die Menschen sind auf dem Wege der Nachahmung in
den wichtigsten Dingen Schüler der Tiere geworden:
der Spinne im Weben und Stopfen, der Schwalbe im
Bauen und der Singvögel, des Schwans und der Nachtigall im Gesang.

                                                              Demokrit

Der alte Cato wurde einmal gefragt, welche Wirtschaft
am einträglichsten sei. Da gab er zur Antwort: »Ordent-
lich Viehzucht treiben.« Und dann? »Ziemlich gut Viehzucht treiben.« Was dann? »Sogar schlechte Viehzucht.«
Und viertens? »Ackerbau.«

                                                            Nach Cicero

Die Augen und Fußstapfen des Herrn bekommen dem
Acker am besten.

                                                            Columella

Vieles ist häßlich zu tun, was doch, vollendet, gefällt.

                                                                 Ovid

G E S E L L S C H A F T

Der Mensch ist wie der Umgang, den er gerne pflegt.

                                                            Euripides

Dann besonders zieh dich in dich selbst zurück, wenn
du gezwungen bist unter der Menge zu leben.

                                                              Epikur

85

Καὶ σιωπῇ τὸ πολὺ ἔστω ἢ λαλείσθω τὰ ἀναγκαῖα,
καὶ δι' ὀλίγων. σπανίως δέ ποτε καιροῦ παρακαλοῦντος
ἐπὶ τὸ λέγειν λέξον μέν, ἀλλὰ περὶ οὐδενὸς τῶν τυχόν-
των· μὴ περὶ μονομαχιῶν, μὴ περὶ ἱπποδρομιῶν, μὴ περὶ
ἀθλητῶν, μὴ περὶ βρωμάτων ἢ πομάτων, τῶν ἑκαστα-
χοῦ, μάλιστα δέ, μὴ περὶ ἀνθρώπων ψέγων ἢ ἐπαινῶν
ἢ συγκρίνων.

Ench. 33, 2

Πλεονεξίη τὸ πάντα λέγειν, μηδὲν δὲ ἐθέλειν ἀκούειν.

[Diels 86]

'Αδολέσχου δὲ κουρέως ἐρωτήσαντος αὐτὸν 'πῶς σε κείρω;'
'σιωπῶν' ἔφη.

Reg. et imp. apophth.: Archelaus 2

Οὐ λέγειν τύ γ' ἐσσὶ δεινός, ἀλλὰ σιγᾶν ἀδύνατος.

[Diels 29]

Ἡ γὰρ σιωπὴ τῷ λαλοῦντι σύμμαχος.

[Nauck 842]

Βλὰξ ἄνθρωπος ἐπὶ παντὶ λόγῳ ἐπτοῆσθαι φιλεῖ.

[Diels 87]

Μετὰ τοῦτο ἔπιθι ἐπὶ τὰ τῶν συμβιούντων ἤθη, ὧν
μόλις ἐστὶ καὶ τοῦ χαριεστάτου ἀνασχέσθαι, ἵνα μὴ
λέγω, ὅτι καὶ ἑαυτόν τις μόγις ὑπομένει.

Selbstschau V, 10

Schweige gewöhnlich, sonst sprich nur das Notwendige und das mit wenig Worten. Selten, nur wenn es die Umstände erfordern, rede, aber nicht über alltägliche Dinge, nicht über Zirkuskämpfe, Pferderennen oder Athleten, nicht über Essen und Trinken — das sind triviale Gesprächsstoffe —, vor allem aber nicht über andere Leute, um sie zu tadeln oder zu loben oder auch nur zu vergleichen.

Epiktet

Es ist eine Art Habsucht, alles sagen und nichts hören zu wollen.

Demokrit

Als ein geschwätziger Barbier den Archelaus fragte: »Wie soll ich dich rasieren«, versetzte er: »Stillschweigend.«

Nach Plutarch

Nicht zu reden bist du fähig, sondern zu schweigen unfähig.

Epicharmos

Eines andern Stillschweigen spricht für den, der da redet.

Sophokles

Dem Blöden fährt bei jedem sinnvollen Wort der Schrekken in die Glieder.

Heraklit

Lenke darnach deinen Blick auf den Geist deiner Zeitgenossen! Man hat Mühe, selbst die Art und Weise des einnehmendsten unter ihnen erträglich zu finden, davon zu schweigen, daß mancher sich selbst kaum ertragen kann.

Marc Aurel

Ante circumspiciendum est, cum quibus edas et bibas, quam quid edas et bibas.

Bei Seneca, Epist. 19, 10 [Usener 542]

Εὔτακτον εἶναι τἀλλότρια δειπνοῦντα δεῖ.

[Mein. 1, 10]

Ἐν συμποσίῳ μὴ λέγε, πῶς δεῖ ἐσθίειν, ἀλλ' ἔσθιε, ὡς δεῖ.

Ench. 46

Ταράσσει τοὺς ἀνθρώπους οὐ τὰ πράγματα, ἀλλὰ τὰ περὶ τῶν πραγμάτων δόγματα.

Ench. 5

Οὐδὲν ἀθλιώτερον τοῦ πάντα κύκλῳ ἐκπεριερχομένου καὶ τὰ ἔνερθε γᾶς, φησίν, ἐρευνῶντος καὶ τὰ ἐν ταῖς ψυχαῖς τῶν πλησίον διὰ τεκμάρσεως ζητοῦντος, μὴ αἰσθομένου δέ, ὅτι ἀρκεῖ πρὸς μόνῳ τῷ ἔνδον ἑαυτοῦ δαίμονι εἶναι καὶ τοῦτον γνησίως θεραπεύειν.

Selbstschau II 13

Ὕδωρ δέ τινος αὐτοῦ κατασκεδάσαντος, ὑπὸ τῶν φίλων παροξυνόμενος ἐπὶ τὸν ἄνθρωπον 'ἀλλ' οὐκ ἐμοῦ' φησίν 'ἀλλ' ἐκείνου κατεσχέδασεν ὃν ἔδοξεν ἐμὲ εἶναι'.

Reg. et imp. apophth.: Archelaus 5

Ἀλλήλων καταφρονοῦντες ἀλλήλοις ἀρεσκεύονται καὶ ἀλλήλων ὑπερέχειν θέλοντες ἀλλήλοις ὑποκατακλίνονται.

Selbstschau XI 14

Du mußt dich vorher umsehen, mit wem, dann erst, was du ißt und trinkst.

Epikur

Wer einem fremden Tisch nachgehet, muß bescheiden sein.

Nach Stobäus

Bei Tisch halte keine Reden, wie man essen soll, sondern wie man soll, so iß.

Epiktet

Nicht die Dinge selbst beunruhigen die Menschen, sondern die Meinungen, die sie von den Dingen haben.

Epiktet

Es gibt nichts Elenderes als einen Menschen, der alles wie im Kreise durchläuft, die Tiefen der Erde, wie jener Dichter sagt, ergründen will und, was im Innern der Seele seines Nebenmenschen vorgeht, zu erraten sucht, daneben aber nicht einsieht, daß es für ihn genüge, mit dem Genius seines eigenen Innern zu verkehren und diesem nach Gebühr zu dienen.

Marc Aurel

Als ihn jemand mit Wasser überschüttete und seine Freunde ihn gegen denselben in Zorn zu bringen suchten, sprach Archelaus: »Nicht über mich hat er das Wasser geschüttet, sondern über den, für welchen er mich ansah.«

Nach Plutarch

Die sich gegenseitig verachten, das sind gerade diejenigen, welche einander zu gefallen streben und die sich untereinander hervortun wollen, sich voreinander bücken.

Marc Aurel

Καὶ τόδε Φωκυλίδεω· τί πλέον, γένοςεὐγενὲς εἶναι,
οἷς οὔτ’ ἐν μύθοις ἔπεται χάρις οὔτ’ ἐνὶ βουλῇ;

[Bergk 2]

Ἰφικράτης ὀνειδιζόμενος εἰς δυσγένειαν "ἐγὼ ἄρξω" εἶπε
"τοῦ γένους".

[Hense IV 29, 15]

Εἰ καὶ βασιλεὺς πέφυκας, ὡς θνητὸς ἄκουσον.
ἂν μακρὰ πτύῃς, φλεγματί τῳ κρατεῖ περισσῷ.
ἂν εὐιματῇς, ταῦτα πρὸ σοῦ προβάτιον εἶχεν.

[Hense 22,26]

Πάντα γυναῖκες ἴσαντι, καὶ ὡς Ζεὺς ἠγάγεθ’ Ἥρην.

Idyllen XV 64

Τὸν δ’ Ἀρισταγόραν ὑπό τινος τῶν οἰκετῶν ὑποδού-
μενον θεασαμένη ‘πάτερ’ ἔφη ‘ὁ ξένος χεῖρας οὐκ ἔχει.’

Lacaenarum apophth.: Gorgo 3

P. Scipionem ... dicere solitum scripsit Cato nun-
quam se minus otiosum esse quam cum otiosus, nec
minus solum quam cum solus esset.

De off. III 1 (1)

At pulchrum est digito monstrari et dicier: hic est!

Sat. I 28

Das ist Phokylides' Spruch: Was taugt ein geborener
  Adel,
Wenn im Gespräch ihn nicht die gewinnende Sitte be-
  glaubigt?

Phokylides

Als man es den Iphikrates fühlen ließ, daß er nicht
adeligen Blutes war, sagte er: Ich will meines Geschlech-
tes Anfang sein.

Nach Stobäus

Wenn du auch ein König bist, so höre doch als einfacher
Sterblicher zu: Wenn du auch weit spuckst, es ist doch
nur Spucke; wenn du auch elegante Kleidung trägst,
vor dir trug sie doch ein Schaf.

Sotas [?]

Die Weiber wissen schon über alles Bescheid, selbst
darüber, wie Zeus zur Hera kam.

Theokrit

Als Gorgo sah, daß Aristagoras sich von einem Sklaven die
Schuhe anziehen ließ, sagte sie: »Mein Vater, der Fremde
hat keine Hände.«

Nach Plutarch

Nach Cato pflegte Scipio d. Ä. zu sagen, niemals sei er
weniger müßig als in der Muße, niemals weniger allein
als wenn er allein sei.

Cicero

Schön ist's doch, wenn man auf dich zeigt und der Ruf
ertönt: Der ist's!

Persius

XXIII

Οὐ καταισχυνῶ ὅπλα τὰ ἱερὰ οὐδ' ἐγκαταλείψω τὸν παραστάτην, ὅτῳ ἂν στοιχήσω· ἀμυνῶ δὲ καὶ ὑπὲρ ἱερῶν καὶ ὑπὲρ ὁσίων καὶ μόνος καὶ μετὰ πολλῶν. τὴν πατρίδα δὲ οὐκ ἐλάσσω παραδώσω, πλείω δὲ καὶ ἀρείω ὅσης ἂν παραδέξωμαι· καὶ εὐηκοήσω τῶν ἀεὶ κρινόντων ἐμφρόνως καὶ τοῖς θεσμοῖς τοῖς ἱδρυμένοις πείσομαι καὶ οὕς τινας ἂν ἄλλους τὸ πλῆθος ἱδρύσηται ὁμοφρόνως· καὶ ἄν τις ἀναιρῇ τοὺς θεσμοὺς ἢ μὴ πείθηται, οὐκ ἐπιτρέψω, ἀμυνῶ δὲ καὶ μόνος καὶ μετὰ πάντων· καὶ ἱερὰ τὰ πάτρια τιμήσω. ἴστορες θεοὶ τούτων.

[Hense IV 1, 48]

Nusquam est qui ubique est.

Epist. 2, 2

Coelum, non animum mutant, qui trans mare currunt.

Epist. I 11, 27

»Exulabis.« Non patria interdicitur, sed locus. In quam-cumque terram venio, in meam venio, nulla terra exi-lium est, sed altera patria est.

De remediis fortuitorum VIII 1

Διογένης Ἀττικοῦ τινος ἐγκαλοῦντος αὐτῷ διότι Λακεδαιμονίους μᾶλλον ἐπαινῶν παρ' ἐκείνοις οὐ διατρίβει "οὐδὲ γὰρ ἰατρὸς" εἶπεν "ὑγιείας ὢν ποιητικὸς ἐν τοῖς ὑγιαίνουσι τὴν διατρίβην ποιεῖται".

[Hense 13, 43]

V A T E R L A N D

Ich will nicht schänden die heiligen Waffen und nicht
verlassen meinen Nebenmann im Kampf. Ich will ein-
treten für das Hohe und Heilige, allein und in der Mann-
schaft. Ich will mein Vaterland meinen Kindern nicht
kleiner vererben, sondern größer und besser, als ich es
überkommen habe. Stets will ich wohl auf die Obrigkeit
hören und den jetzt bestehenden und den künftigen Gesetzen gehorchen, wie sie das Volk einhellig aufstellt.
Und wenn es einer unternimmt die Gesetze aufzuheben oder
unbotmäßig zu sein, so will ich es nicht zulassen, sondern
einschreiten, allein und mit allen zusammen. Ich will den
Glauben der Väter ehren. Des seien die Götter Zeugen!

Eid der athenischen Epheben

Nirgends lebt, wer überall lebt.

Seneca

Diejenigen, welche über das Meer wandern, wechseln
den Himmel, nicht das Gemüt. Horaz

»Du wirst verbannt!« Da wird mir nur mein Aufenthalt,
nicht aber mein Vaterland verwehrt. Ich finde es in jedem
Lande. Es gibt keine Verbannung, nur eine zweite Heimat.

Seneca

Als ein Athener dem Diogenes vorwarf, daß er nicht
zu Sparta wohne, das er doch höher preise, sagte er:
Obwohl sich der Arzt der Gesundheit befleißigt, so woh-
net er doch nicht unter den Gesunden.

Nach Stobäus

Barbarus hic ego sum, quia non intelligor ulli.

Tristia V 10, 37

Ἀνδρὶ σοφῷ πᾶσα γῆ βατή· ψυχῆς γὰρ ἀγαθῆς πατρὶς
ὁ ξύμπας κόσμος.

[Diels 247]

O nomen dulce libertatis!

Verr. V 63, 163

Ὅμοιον ἀψινθίου τὸ δριμὺ καὶ λόγου παρρησίαν ἐκκόψαι.

[Hense 13, 40]

Τούς τε γὰρ ἀντιστασιάζοντάς σφισι πολεμίους ἑκάτεροι
τῆς πατρίδος ὀνομάζοντες καὶ ἑαυτοὺς ὑπὲρ τῶν κοινῶν
πολεμεῖν λέγοντες τά τε ἴδια μόνα ηὖξον κἀκεῖνα ὁμοίως
ἀμφότεροι ἔφθειρον. οἱ μὲν γὰρ εὖ πράξαντες καὶ εὔ-
βουλοι καὶ φιλοπόλιδες ἐνομίσθησαν, οἱ δὲ δὴ πταίσαν-
τες καὶ πολέμιοι τῆς πατρίδος καὶ ἀλιτήριοι ὠνομάσ-
θησαν. ἐς τοῦτο μὲν δὴ τότε τὰ τῶν Ῥωμαίων πράγματα προήχθη . . .

Röm. Gesch. 41, 17 u. 46, 34

Sed ne patriae quidem bonus tutor aut vindex est . .,
si ad voluptates vergit.

Dial. VII 15, 5

Πυθαγόρας ἐρωτηθεὶς πῶς δεῖ ἀγνωμονούσῃ πατρίδι
προσφέρεσθαι εἶπεν ὡς μητρί.

[Hense 39, 25]

Ein Barbar bin ich hier, weil mich niemand verstehen kann.

Ovid

Einem weisen Mann steht die ganze Welt offen. Denn das Vaterland einer trefflichen Seele ist das Universum.

Demokrit

O süßer Name »Freiheit«!

Cicero

Wer dem Wermut die Bitterkeit und dem Reden die Freimütigkeit wegnimmt: der tut ein Ding.

Ariston

Beide Parteien nannten ihre Gegner Feinde des Vaterlandes, für das sie allein kämpften. In der Tat hatte jeder seinen persönlichen Vorteil im Auge und beide arbeiteten gleichermaßen an dem Ruin des Vaterlandes. Die glücklichen Sieger wurden als gute Bürger und Freunde des Vaterlandes gepriesen, die Besiegten dessen Feinde und Frevler wider das Gemeinwohl gescholten. Soweit war es damals mit Rom gekommen.

Dio Cassius

Wer nur seinen Lüsten nachgeht, taugt nicht zum Schirmer und Retter des Vaterlandes.

Seneca

Pythagoras antwortete auf die Frage, wie man sich zu einem undankbaren Vaterlande verhalten solle: Wie gegen eine Mutter.

Nach Stobäus

Μὴ κάμνε πατρίδα σὴν λαβεῖν πειρώμενος.

[Nauck 1045]

XXIV

Ἄνθρωπος φύσει ζῷον πολιτικόν.

Polit. I 1, 9

Ῥεχθὲν δέ τε νήπιος ἔγνω.

Ilias XX 198

Νόμος ὁ πάντων βασιλεύς.

fr. 169 [Schröder]

Legem enim brevem esse oportet, quo facilius ab impe-
ritis teneatur, velut emissa divinitus vox sit: iubeat, non
disputet.

Bei Seneca, Epist. 94, 38

Βίας θανάτῳ μέλλων καταδικάζειν ἐδάκρυσεν. εἰπόντος δέ τινος 'τί παθὼν αὐτὸς καταδικάζεις καὶ κλαίεις;'
εἶπεν 'ὅτι ἀναγκαῖόν ἐστι τῇ μὲν φύσει τὸ συμπαθὲς
ἀποδοῦναι, τῷ δὲ νόμῳ τὴν ψῆφον'.

[Hense IV 5, 67]

Ζάλευκος ὁ τῶν Λοκρῶν νομοθέτης τοὺς νόμους ἔφησε
τοῖς ἀραχνίοις ὁμοίους εἶναι · ὥσπερ γὰρ εἰς ἐκεῖνα ἐὰν
μὲν ἐμπέσῃ μυῖα ἢ κώνωψ κατέχεται, ἐὰν δὲ σφὴξ ἢ
μέλιττα διαρρήξασα ἀφίπταται.

[Hense IV 4, 25]

Laß dir keine Mühe zuviel sein, wenn du das Vaterland wieder zurechtbringen willst. Euripides

Der Mensch ist von Natur ein politisches Wesen.

Aristoteles

<Klügere sehen sich vor:> das Geschehene sieht auch ein Kindlein. Homer

Das Gesetz ist der König über alle.

Pindar

Knapp soll ein Gesetz sein, damit es auch der gemeine Mann behält; es sei wie eine Stimme von oben: ein Befehl, keine Abhandlung!

Posidonius

Als Bias einen zum Tode verurteilen sollte, weinte er. Da nun einer zu ihm sagte: Warum weinest darüber, daß es bei dir steht, den Menschen zu verdammen? antwortete er: Darum, daß es not ist, mit der Natur Mitleid zu haben, dem Gesetze aber genug zu tun.

Nach Stobäus

Zaleucus, Gesetzgeber der Locrer, sagt, die Gesetze wären den Spinnweben gleich: denn wenn die Fliege oder Mücke darein fällt, bleibt sie hängen; aber die Wespe oder die Biene zerreißt das Gewebe und fliegt davon. Nach Stobäus

Τὸ καλῶς ἔχον που κρεῖττόν ἐστι καὶ νόμου.

[Kock 265]

Legibus idcirco omnes servimus, ut liberi esse possimus.

Cluent. 53, 146

Ταῦτα μὲν κράτει,
Ὁμοῦ βίην τε καὶ δίκην συναρμόσας,
Ἔρεξα.

[Bergk 36 v. 13 ff.]

Hoc volo, sic iubeo; sit pro ratione voluntas.

Sat. 6, 223

Magna pars libertatis est bene moratus venter et con-
tumeliae patiens.

Epist. 123, 3

Παρὰ τοῦ τροφέως τὸ μήτε Πρασιανὸς μήτε Βενε-
τιανὸς μήτε Παλμουλάριος ἢ Σκουτάριος γενέσθαι· καὶ
τὸ φερέπονον καὶ ὀλιγοδεὲς. Καὶ αὐτουργικόν καὶ ἀπο-
λύπραγμον· καὶ τὸ δυσπρόσδεκτον διαβολῆς.

Selbstschau I, 5

Νέα ἐφ’ ἡμέρῃ φρονέοντες ἄνθρωποι. . .

[Diels 158]

Ποτὶ (τὸν) πονηρὸν οὐκ ἄχρηστον ὅπλον ἁ πονηρία.

[Diels 32]

Das Richtige steht wohl noch über dem Recht.

Menander

Den Gesetzen gehorchen wir alle nur deswegen, um frei sein zu können.

Cicero

Mit Macht habe ich es durchgesetzt, Gewalt und Recht vereinigend.

Solon

Ich will's; also befehl ich's; statt Grundes genüge der Wille.

Juvenal

Ein großer Teil der Freiheit ist ein gut gezogener Magen, der auch eine schlechte Behandlung erträgt.

Seneca

Mein Erzieher ermahnte mich, weder für die Grünen noch für die Blauen im Zirkus Partei zu nehmen und ebensowenig für die Rundschilde, als für die Lang-schilde unter den Gladiatoren, dagegen an Ausdauer in Anstrengungen, Zufriedenheit mit wenigem und an Selbsttätigkeit mich zu gewöhnen, mich nicht in fremde Angelegenheiten zu mischen und gegen Verleumdungen mein Ohr zu verschließen.

Marc Aurel

Die Menschen, die täglich neue Gedanken haben . . . .

Demokrit

Gegen Schurken ist Schurkerei keine unbrauchbare Waffe.

Epicharmos

Munera, crede mihi, placant hominesque deosque.

Ars amat. 3, 655

Libertis quoque ac ianitoribus eius notescere pro ma-
gnifico accipiebatur.

Ann. 6, 8

Ille crucem sceleris pretium tulit, hic diadema.

Sat. 13, 105

Jove enim tonante cum populo agi non esse fas quis
ignorat?

Orat. Philipp. V 3, 7

Εἰ τὸ συνεχῶς καὶ πολλὰ καὶ ταχέως λαλεῖν
ἦν τοῦ φρονεῖν παράσημον, αἱ χελιδόνες
ἐλέγοντ᾽ ἂν ἡμῶν ἐμφρονέστεραι πολύ.

[Kock 27]

Est actio quasi corporis quaedam eloquentia.

Orat. 17, 55

Οἱ ἐν διαλεκτικῇ βαθύνοντες ἐοίκασι καρκίνους μασω-
μένοις, οἳ δι᾽ ὀλίγον τρόφιμον περὶ πολλὰ ὀστᾶ ἀσχο-
λοῦνται.

Ὁμοιώματα [Wachsmuth II 2, 14]

Nec umquam ibi [Athenis] desunt linguae promptae ad
plebem concitandam; quod genus cum in omnibus liberis
civitatibus, tum praecipue Athenis, ubi oratio plurimum
pollet, favore multitudinis alitur.

Ab urbe cond. 31, 44

Schmieren macht linde Häute.

Ovid

Selbst mit den Freigelassenen des Sejanus und seinen
Türhütern bekannt zu sein, galt für eine große Ehre.

Tacitus

Ein Orden und der Galgen werden manchmal auf dem-
selben Wege verdient.

Juvenal

Bekanntlich darf, wenn Jupiter donnert, keine Unter-
handlung mit dem Volk gepflogen werden.

Cicero

Wenn beständiges Viel- und Schnellreden ein Zeichen
der Weisheit wäre, so würden die Schwalben für weiser
als wir geachtet.

Nicostratus

Der Vortrag ist gewissermaßen die Beredsamkeit des
Körpers.

Cicero

Die die Lehre der Beredsamkeit am tiefsten ergründen,
gleichen denen, die Krebs essen und weniger Speise
halber so viel Schelfen und Krüspeln machen.

Ariston [Frölich]

In Athen gibt es immer Redner, die gleich bei der Hand
sind, die Massen aufzureizen. Diese Sorte von Leuten
wird zwar in allen Freistaaten vom Volke verhätschelt,
am meisten aber in Athen, wo der Vortrag allein des
Redners Glück macht.

Livius

Φίλιππος τοὺς Ἀθηναίους εἴκαζε τοῖς Ἑρμαῖς ὡς στόμα
μόνον ἔχουσι καὶ αἰδοῖα μεγάλα.

[Hense 4, 66]

Σαμίων πρεσβευταῖς μακρολογοῦσιν ἔφασαν οἱ Σπαρ-
τιᾶται 'τά μὲν πρῶτα ἐπιλελάθαμες, τὰ δὲ ὕστερα οὐ
συνείκαμες διὰ τὸ τὰ πρῶτα ἐπιλελᾶσθαι'.

Apophth. Laconica inc. 1

Et semel emissum volat irrevocabile verbum.

Epist. I 18, 71

Σωκράτης ἔλεγεν ὅτι ῥᾶον ἄν τις διάπυρον ἄνθρακα
ἐπὶ τῆς γλώττης κατάσχοι ἢ λόγον ἀπόρρητον.

[Hense 41, 5]

   Μικροῦ γὰρ ἐκ λαμπτῆρος Ἰδαῖον λέπας
   πρήσειεν ἄν τις · κἂν πρὸς ἄνδρ' εἰπὼν ἕνα,
   πύθοιντ' ἂν ἀστοὶ πάντες, ὧν κρύπτειν χρεών.

[Nauck 415]

Φήμη δ' οὔτις πάμπαν ἀπόλλυται ἥντινα πολλοί
Λαοὶ φημίζουσι · θεός νύ τίς ἐστι καὶ αὐτή.

Erga V 763

Πᾶν ὑπόληψις.

Selbstschau II 15

König Philipp verglich die Athener gewissen Götzen, die nichts als Mäuler und große Schamen oder Geschröt hätten.

Nach Stobäus [Frölich]

Den Samischen Gesandten, die eine lange Rede hielten, sagten die Spartaner: »Den Anfang haben wir vergessen, und das Ende nicht verstanden, weil wir den Anfang vergessen hatten.«

Nach Plutarch

Und einmal hinausgesandt, flieht unwiderruflich das Wort dahin.

Horaz

Sokrates sagte, eine glühende Kohle wäre leichter auf der Zunge zu halten als ein Geheimnis.

Nach Stobäus

Mit einer kleinen Kerze kann man die Bergspitze des ganzen Ida anzünden. Wenn du etwas Geheimes auch einem Einzigen nur eröffnest, so können bald alle hören, was zu verbergen gewesen war.

Euripides

Nie wird ganz ein Gerücht sich verlieren, das vielerlei
  Volk hat
Häufig im Munde geführt; denn ein Gott ist auch das
  Gerücht selbst.

Hesiod

Alles beruht auf der Meinung.

Marc Aurel

Ἐξ ἀνέμων δὲ θάλασσα ταράσσεται · ἢν δέ τις αὐτὴν
μὴ κινῇ, πάντων ἐστὶ δικαιοτάτη.

[Bergk 17]

Πυθαγόρας εἶπεν εἰσιέναι εἰς τὰς πόλεις πρῶτον τρυφήν,
ἔπειτα κόρον, εἶτα ὕβριν, μετὰ δὲ ταῦτα ὄλεθρον.

[Hense IV 1, 80]

> Πρὸς γὰρ τὸν ἔχονθ᾽ ὁ φθόνος ἔρπει,
> καίτοι σμικροὶ μεγάλων χωρὶς
> σφαλερὸν πύργου ῥῦμα πέλονται.
> μετὰ γὰρ μεγάλων βαιὸς ἄριστ᾽ ἄν,
> καὶ μέγας ὀρθοῖθ᾽ ὑπὸ μικροτέρων.
> ἀλλ᾽ οὐ δυνατὸν τοὺς ἀνοήτους
> τούτων γνώμας προδιδάσκειν.

Aiax 157

Ἔργμασιν ἐν μεγάλοις πᾶσιν ἀδεῖν χαλεπόν.

[Bergk 16]

Ἀντί νυ πολλῶν
λαῶν ἐστὶν ἀνήρ, ὅν τε Ζεὺς κῆρι φιλήσῃ.

Ilias IX 116

[Rex] . . . probavit non rem publicam suam esse, sed se
rei publicae.

De clementia I 19, 8

Nur vom Wind wird Wasser erregt. Wo der Wind es nicht aufwühlt,
Frömmer und friedlicher, Freund, findest du kein Element.

Solon

Pythagoras hat gesagt: In die Städte schliche sich zuerst der Überfluß, dann der Überdruß, danach das Laster und zuletzt das Elend.

Nach Stobäus

Wer da hat, zu dem schleicht der Neid. Und doch sind die Kleinen ohne die Großen eine schwache Grundfeste. Denn der Arme bleibt bei dem Reichen wohl und ein Großer kann durch die Mindern erhoben werden. Es ist aber unmöglich, das in die törichten Köpfe zu bringen.

Sophokles

Bei großen Unternehmungen allen zu gefallen ist schwierig.

Solon

Die Tausend im Volke
Wiegt ein einziger auf, dem Zeus vor andern geneigt ist.

Homer

Dem König gehört nicht der Staat, sondern dem Staat der König.

Seneca

Principis est virtus maxima nosse suos.

Epigr. VIII 15, 8

Ῥοιὰν δὲ μεγάλην ἀνοίξας, πυθομένου τινὸς τί ἂν
ἔχειν βούλοιτο τοσοῦτον ὅσον ἐστὶ τῶν κόκων τὸ πλῆθος, εἶπε 'Ζωπύρους' · ἦν δὲ ἀνὴρ ἀγαθὸς καὶ φίλος ὁ
Ζώπυρος.

Reg. et imp. apophth.: Darius 3

Αἰτιωμένων δέ τινων, ὅτι τιμᾷ καὶ προάγεται πονηρὸν
ἄνθρωπον καὶ δυσχεραινόμενον ὑπὸ τῶν πολιτῶν, 'ἀλλὰ
καὶ βούλομαι' εἶπεν 'εἶναι τὸν ἐμοῦ μᾶλλον μισούμενον'.

Reg. et imp. apophth.: Dionysius d. Ä. 11

Τοὺς δὲ φόρους τοῖς ὑπηκόοις τάξας μετεπέμψατο τοὺς
πρώτους τῶν ἐπαρχιῶν καὶ περὶ τῶν φόρων ἠρώτησε,
μὴ βαρεῖς εἰσι· φησάντων δὲ μετρίως ἔχειν ἐκέλευσε
τελεῖν τοὺς ἡμίσεις ἕκαστον.

Reg. et imp. apophth.: Darius 2

Ἀντιπάτρῳ ἀγροῖκος ἄνθρωπος ἐπεδίδου βιβλίον εὐτυ-
χίαν ἔχον, ὃ δὲ οὐ σχολάζειν ἔφη. "καὶ μὴ βασίλευε"
εἶπεν ἐκεῖνος "εἰ μὴ σχολὴν ἄγεις".

[Hense 13, 48]

Πρὸς δὲ τὸν πυθόμενον εἰ σχολάζοι 'μηδέποτε' εἶπεν
,ἐμοὶ τοῦτο συμβαίη'.

Reg. et imp. apophth.: Dionys. d. Ä. 9

Es ist eine Haupttugend des Fürsten, seine Leute genau zu kennen.

Martial

Als Darius einen großen Granatapfel öffnete und ihn jemand fragte, was er wohl in solcher Menge zu haben wünsche, wie die der Kerne in dem Apfel sei, erwiderte er: »Eben so viele Zopyre«; dieser Zopyrus nämlich war ein rechtschaffener Mann und Freund (des Königs).

Nach Plutarch

Als Dionysius dem Älteren einige vorwarfen, daß er einen schlechten, den Bürgern verhaßten Menschen ehre und befördere, gab er ihnen die Antwort: »Aber ich will auch einen haben, der mehr gehaßt wird als ich.«

Nach Plutarch

Als Darius den Untertanen die Auflagen bestimmte, berief er die Ersten aus den Provinzen zu sich und fragte sie, ob nicht die Auflagen zu schwer seien. Als diese aber die Mäßigkeit derselben versicherten, so ließ er nur die Hälfte eintreiben.

Nach Plutarch

Antipater sagte einem Bauern, der ihm ein Buch über die Glückseligkeit zustellte, er habe keine Zeit. Darauf sagte der Bauer: Ei, dann solltest du auch nicht regieren, wenn du keine Zeit hast.

Seren

Einem, der ihn fragte, ob er Zeit habe, gab Dionysius d. Ä. die Antwort: »Das möge mir nie begegnen!«

Plutarch

Πρεσβύτιδος δὲ πενιχρᾶς ἀξιούσης ἐπ' αὐτοῦ κριθῆναι
καὶ πολλάκις ἐνοχλούσης, ἔφη 'μὴ σχολάζειν'. ἡ δὲ πρεσ-
βῦτις ἐκκραγοῦσα 'καὶ μὴ βασίλευε' εἶπεν. ὁ δὲ θαυ-
μάσας τὸ ῥηθὲν οὐ μόνον ἐκείνης ἀλλὰ καὶ τῶν ἄλλων
εὐθὺς διήκουσεν.

Reg. et imp. apophth.: Philippus 31

Per idem tempus L. Piso pontifex, rarum in tanta clari-
tudine, fato obiit.

Ann. VI 10

Principes mortales, res publica aeterna.

Ann. III 6

Τί προβαλλόμεθα τοὺς τυράννους μακρῷ χείρονες αὐτῶν καθεστῶτες;

[Hense rel. 23]

Σωκράτης καὶ τὰ τῶν πολλῶν δόγματα Λαμίας ἐκά-
λει, παιδίων δείματα.

Selbstschau XI 23

Φήμη γε μέντοι δημόθρους μέγα σθένει.

Agamemnon 902 [Kirchhoff]

XXV

Γλυκὺ δ' ἀπείρῳ πόλεμος·
πεπειραμένων δέ τις
ταρβεῖ προσιόντα νιν
καρδίᾳ περισσῶς.   fr. 110 [Schröder]

Als eine arme alte Frau den Philipp bat, ihren Prozeß vorzunehmen, und ihn wiederholt damit belästigte, während er sich mit Mangel an Zeit entschuldigte, so schrie das alte Weib laut auf: »So sei auch nicht König!« Und dies Wort gefiel ihm so sehr, daß er nicht bloß sie, sondern auch die übrigen auf der Stelle anhörte.

Nach Plutarch

Um dieselbe Zeit starb der Pontifex Lucius Piso eines natürlichen Todes, was bei seiner hohen Stellung eine Seltenheit war.

Tacitus

Sterblich sind die Fürsten, ewig ist der Staat.

Tacitus

Warum klagen wir die Tyrannen an, obgleich wir viel ärger sind als sie?

Musonius

Sokrates nannte die Meinungen der Menge Lamien, Schreckgestalten für Kinder.

Marc Aurel

Des Volkes Stimme, wahrlich groß ist ihr Gewicht!

Äschylus

K R I E G

Süß erscheint der Krieg dem, der ihn nicht kennt, wer ihn aber erlebt hat, dem erschrickt schon das Herz, wenn er heraufzieht.

Pindar

Μηδὲ λίην κήρυκος ἀν' οὖς ἔχε μάκρα βοῶντος·
οὐ γὰρ πατρῴας γῆς πέρι μαρνάμεθα.

[Bergk 887/88]

Nulla salus bello.

Aen. XI 362

Πόλεμος πάντων μὲν πατήρ ἐστι, πάντων δὲ βασιλεύς.

[Diels 53]

Ὡς οὐδέν ἐστιν οὔτε πύργος οὔτε ναῦς
ἔρημος ἀνδρῶν μὴ ξυνοικούντων ἔσω.

Oedipus Rex 56

Vindicta bonum, vita jucundius ipsa.

Sat. 13, 180

Αὐτὸς γὰρ ἐφέλκεται ἄνδρα σίδηρος.

Odyssee XVI 294

Ὅταν σπεύδῃ τις αὐτός, χὠ θεὸς συνάπτεται.

Pers. 742

In audaces non est audacia tuta.

Metam. X 544

Φίλιππος ἐρωτώμενος ὑπὸ Βυζαντίων, τί ἀδικηθεὶς
πολιορκεῖ αὐτούς, εὐήθεις ἔφησεν εἶναι καὶ ὁμοίους τῷ
εἴ τις ἔχων καλὴν γυναῖκα τοὺς ἐπικωμάζοντας ἐρωτῴη
διὰ τί ἐπικωμάζουσιν.

[Hense 2, 18]

Recke das Ohr nicht stets nach der schallenden Stimme
  des Herolds:
Immer bedeutet sie nicht Krieg für das heimische Land.

Theognis

Kein Heil ist im Krieg.

Vergil

Der Krieg ist der Vater aller Dinge, aller Dinge König.

Heraklit

Wenn niemand in der Stadt wohnt, so ist weder der
Turm noch das Schiff etwas wert.

Sophokles

Rache ist gut, das Leben selbst ist nicht so süß.

Juvenal

Eisen verführt und reißet von selber den Mann mit sich
weiter.

Homer

Wenn man selbst vorwärts stürmt, wird auch der Gott
mitgerissen.

Äschylus

Vor Verwegenen schützt Verwegenheit nicht.

Ovid

Philipp wurde gefragt, was ihm die Byzantiner Böses ge-
tan, daß er sie belagerte, und antwortete: Ihr seid Toren
und gleich dem, der eine schöne Frau hatte und die,
die sie oft besuchten, fragte, warum sie kämen.

Nach Stobäus

Μέλλων δὲ καταστρατοπεδεύειν ἐν χωρίῳ καλῷ καὶ πυθόμενος ὅτι χόρτος οὐκ ἔστι τοῖς ὑποζυγίοις, 'οἷος' εἶπεν 'ὁ βίος ἡμῶν ἐστιν, εἰ καὶ πρὸς τὸν τῶν ὄνων καιρὸν ὀφείλομεν ζῆν;'

Reg. et imp. apophth.: Philippus 13

Οἳ ['Αθηναῖοι] Φιλίππου πολεμοῦντος αὐτοῖς γραμματοφόρους ἑλόντες τὰς μὲν ἄλλας ἀνέγνωσαν ἐπιστολάς, μόνην δὲ τὴν 'Ολυμπιάδος οὐκ ἔλυσαν, ἀλλ' ὥσπερ ἦν κατασεσημασμένη, πρὸς ἐκεῖνον ἀπέστειλαν.

Demetrius 22

Μέμνων ὁ 'Αλεξάνδρῳ πολεμῶν ὑπὲρ Δαρείου τοῦ βασιλέως μισθοφόρον τινὰ πολλὰ βλάσφημα καὶ ἀσελγῆ περὶ 'Αλεξάνδρου λέγοντα τῇ λόγχῃ κατάξας 'ἐγώ σε' εἶπε 'τρέφω μαχούμενον, ἀλλ' οὐ λοιδορησόμενον 'Αλεξάνδρῳ'.

Reg. et imp. apophth.: Memnon

'Επεὶ δὲ ἰδών τις ἐν πίνακι γραπτῷ Λάκωνας ὑπὸ 'Αθηναίων σφαττομένους ἔλεγεν· 'ἀνδραῖοί γ' 'Αθηναῖοι', Λάκων ὑποτυχών 'ἐν τῷ πίνακι' εἶπεν.

Apophth. Laconica inc. 9

Τῶν δὲ 'Αθηναίων, ὅσοι περὶ Χαιρώνειαν ἑάλωσαν, ἀφεθέντων ὑπ' αὐτοῦ δίχα λύτρων, τὰ δὲ ἱμάτια καὶ στρώματα προσαπαιτούντων καὶ τοῖς Μακεδόσιν ἐγκαλούντων, γελάσας ὁ Φίλιππος εἶπεν 'οὐ δοκοῦσιν ὑμῖν 'Αθηναῖοι νομίζειν ἐν ἀστραγάλοις ὑφ' ἡμῶν νενικῆσθαι;'

Reg. et imp. apophth.: Philippus 8

Philipp wollte einst an einem bequem gelegenen Orte das Lager aufschlagen, erfuhr aber, daß kein Futter für die Lasttiere da sei. »Wie ist doch unser Leben,« rief er aus, »wenn wir uns sogar nach der Bequemlichkeit der Esel richten müssen!«   Nach Plutarch

Im Kriege mit Philipp von Makedonien fiel einmal den Athenern einer seiner Kuriere in die Hände. Sie lasen alle Briefe durch bis auf einen, den ihm seine Gattin Olympias geschrieben hatte. Den stellten sie ihm sogleich zu, versiegelt wie er war.   Nach Plutarch

Memnon, der General des Königs Darius im Kriege mit Alexander, stupfte einen seiner Söldner, der viele Schmähungen und Lästerungen gegen Alexander ausstieß, mit dem Speer: »Ich halte dich«, rief er aus, »zum Kriegsdienst, aber nicht, um auf Alexander zu schimpfen!«
                                                   Nach Plutarch

Auf einem Gemälde erblickte jemand Lakonier, welche von den Athenern zusammengehauen wurden, und rief aus: »Die Athener sind doch tapfere Leute!« »Ja, auf dem Gemälde!« fiel ihm ein Lakonier in die Rede.
                                                   Nach Plutarch

Alle Athener, die bei Chäronea in seine Gefangenschaft geraten waren, ließ Philipp ohne Lösegeld frei; als sie aber noch dazu ihre Kleider und Decken verlangten und über die Makedonier sich beschwerten, versetzte er lächelnd: »Meint ihr nicht, die Athener glauben, ihr hättet sie im Würfelspiel besiegt!«   Nach Plutarch

Ἄλλη, τῶν υἱῶν φυγόντων ἐκ μάχης καὶ παραγενο-
μένων ὡς αὐτήν, 'ποῖ' φησίν 'ἥκετε δραπετεύσαντες, κακὰ
ἀνδράποδα; ἢ δεῦρο ὅθεν ἐξέδυτε καταδυσόμενοι;' ἀνα-
συραμένη καὶ ἐπιδείξασα αὐτοῖς τὴν κοιλίαν.

Lacaenarum apophth. inc. 4

Ἄλλη πρὸς τὸν υἱὸν λέγοντα μικρὸν ἔχειν τὸ ξίφος
εἶπε 'καὶ βῆμα πρόσθες'.

Lacaenarum apophth. inc. 18

Ἀκούσασά τις τὸν υἱὸν σεσωσμένον καὶ πεφευγότα ἐκ
τῶν πολεμίων, γράφει αὐτῷ 'κακὰ φάμα τευ κακκέχυ-
ται· ἢ ταύταν νῦν ἔκνιψαι ἢ μὴ ἔσο'.

Lacaenarum apophth. inc. 3

Victrix causa diis placuit, sed victa Catoni.

Pharsalia 1, 128

Οὔτοι συνέχθειν, ἀλλὰ συμφιλεῖν ἔφυν.

Antigone 523

XXVI

Ἄπαντα τἀγέννητα πρῶτον ἦλθ' ἅπαξ.

[Nauck 776

Eine Spartanerin, deren Söhne aus der Schlacht geflohen waren und zu ihr kamen, sprach: »Wo seid ihr hingeflohen, elende Sklaven, wollt ihr etwa wieder dahin, wo ihr herausgekommen seid?« Und bei diesen Worten hob sie ihr Kleid in die Höhe und zeigte ihnen den (entblößten) Leib.

Nach Plutarch

Eine andere Spartanerin gab ihrem Sohne, welcher behauptete, er habe nur ein kleines Schwert, die Antwort: »So setze einen Schritt daran.«

Nach Plutarch

Eine dritte Spartanerin schrieb ihrem Sohne, von dem sie gehört, er habe sich durch die Flucht vor den Feinden gerettet: »Ein übles Gerücht hat sich über dich verbreitet; mach ihm jetzt ein Ende, oder höre auf zu leben.«

Nach Plutarch

Die siegreiche Sache gefiel den Göttern, aber die unterliegende dem Cato.

Lucanus

Nicht mitzuhassen, mitzulieben bin ich da!

Sophokles

S C H I C K S A L

Was nie geschehn, geschieht einmal zum erstenmal.

Sophokles

Fata viam invenient.

Aen. III 395

Σοφοὶ δὲ συγκρύπτουσιν οἰκείας βλάβας.

[Nauck 684]

Μὴ ζήτει τὰ γινόμενα γίνεσθαι ὡς θέλεις, ἀλλὰ θέλε τὰ γινόμενα ὡς γίνεται καὶ εὑροήσεις.

Ench. 8

Ducunt fata volentem, nolentem trahunt.

Epist. 107, 9

Fortunae miseras auximus arte vias.

Eleg. IV 7, 32

Tempora ne culpes, cum sit tibi causa doloris.

[Némethy II 30]

Calcare ipsas necessitates licet.

Epist. 12, 10

Κοινὸν τύχη, γνώμη δὲ τῶν κεκτημένων.

[Nauck 389]

Flectere si nequeo superos, Acheronta movebo.

Aen. VII 312

Tu ne cede malis, sed contra audentior ito!

Aen. VI 95

Die Geschicke finden ihren Weg.

Vergil

Die Weisen vertrucken ihren Unfall.

Euripides [Frölich]

Verlange nicht, daß alles so geschieht, wie du es wün-
schest, sondern wolle, daß alles so geschieht, wie es
geschieht, und es wird dir gut gehen.

Epiktet

Den Willigen f ü h r t das Geschick, den Störrischen
schleift es mit.

Seneca

Die Unglückswege des Schicksals haben wir künstlich
vermehrt.

Properz

Woran du selbst schuldig bist, das schiebe nicht auf die
Verhältnisse.

Dionysius Cato

Man darf zuweilen der Notwendigkeit selbst die Sporen
geben.

Seneca

Gemein ist Schicksal, Geist ist seines Eigners Gut.

Äschylus

Wenn ich die Götter nicht beugen kann, werde ich den
Acheron bewegen. Vergil

Weiche dem Unglück nicht; noch kühner geh ihm entgegen. Vergil

Fortiter ille facit, qui miser esse potest!

Epigr. XI 56, 16

Hectora quis nosset, si felix Troia fuisset?
Publica virtuti per mala facta via est.

Trist. IV 3, 75/76

Ἐγὼ δ᾽ ἀνάγκῃ προύμαθον στέργειν κακά.

Philokt. 538

Ὁ γὰρ θεός πως, εἰ θεόν σφε χρὴ καλεῖν,
κάμνει ξυνὼν τὰ πολλὰ τοῖς αὐτοῖς ἀεί.

[Nauck 1073]

Πολυσπερὴς μὲν ὦ γέρον καθ᾽ Ἑλλάδα
φήμη πλανᾶται καὶ διέγνωσται πάλαι,
τὸ μὴ βεβαίους τὰς βροτῶν εἶναι τύχας.

[Nauck 16]

Καὶ τοῖς σκέλεσι καὶ ταῖς ἐλπίσι τὰ δυνατὰ δεῖ διαβαί-
νειν.

fr. 31 [Schenkl]

Forsan miseros meliora sequentur.   Aen. XII 153

XXVII

Tempus edax rerum.

Metam. XV 234

Tapfer allein ist der Mann, welcher das Unglück erträgt!

Martial

Wer würde Hektor kennen, wenn Troja glücklich gewesen wäre? Nur Unglück bahnt dem Ruhm der Tüchtigkeit den Weg.

Ovid

Ich habe durch die Not mein Leid lieben gelernt.

Sophokles

Das Glück ist eine solche Göttin (soll man sie anders so nennen), daß, wenn sie einem lang beiwohnet, verdrießt sie's zuletzt.

Euripides [Frölich]

Es ist durch Griechenland ein gemein Geschrei und hat sich also erfunden, daß der Menschen Glück unbeständig sei.

Theodectes

Die Schienbeine und die Hoffnungen soll man nicht zu weit hinausstrecken.

Epiktet

Vielleicht wird's später einmal besser.   Vergil

Z   E   I   T

Die Zeit zernagt die Dinge . . .

Ovid

Πάντων ἰατρὸς τῶν ἀναγκαίων κακῶν χρόνος ἐστίν.

[Kock 677]

Πρὸς ταῦτα κρύπτε μηδέν, ὡς ὁ πάνθ᾽ ὁρῶν
καὶ πάντ᾽ ἀκούων πάντ᾽ ἀναπτύσσει χρόνος.

[Nauck 280]

Τούτων οὖν τῶν δύο ἀεὶ δεῖ μεμνῆσθαι· ἑνὸς μέν,
ὅτι πάντα ἐξ ἀιδίου ὁμοειδῆ καὶ ἀνακυκλούμενα καὶ
οὐδὲν διαφέρει, πότερον ἐν ἑκατὸν ἔτεσιν ἢ ἐν διακοσίοις
ἢ ἐν τῷ ἀπείρῳ χρόνῳ τὰ αὐτά τις ὄψεται· ἑτέρου δέ,
ὅτι καὶ πολυχρονιώτατος καὶ ὁ τάχιστα τεθνηξόμενος
τὸ ἴσον ἀποβάλλει. τὸ γὰρ παρὸν ἐστὶ μόνον, οὗ στερίσ-
κεσθαι μέλλει, εἴπερ γε ἔχει καὶ τοῦτο μόνον, καὶ ὃ
μὴ ἔχει τις, οὐκ ἀποβάλλει.

Selbstschau II 14

Ποταμός τις ἐκ τῶν γινομένων καὶ ῥεῦμα βίαιον ὁ
αἰών· ἅμα τε γὰρ ὤφθη ἕκαστον καὶ παρενήνεκται καὶ
ἄλλο παραφέρεται, τὸ δὲ ἐνεχθήσεται.

Selbstschau IV 43

XXVIII

Πάντα τὰ σπουδαῖα νυκτὸς μᾶλλον ἐξευρίσκεται.

[Diels 28]

Der Arzt aller notwendigen Übel ist die Zeit.

Menander

Versuche nichts zu bergen: denn die alles sieht
Und alles hört, sie faltet alles auf — die Zeit.

Sophokles

Folgende zwei Wahrheiten muß man sich merken: Einmal, daß von Ewigkeit her alles gleich ist und sich im Kreise bewegt und daß es keinen Unterschied macht, ob einer dieselben Dinge hundert oder zweihundert Jahre oder eine grenzenlose Zeit hindurch beobachtet; zum anderen, daß der Längstlebende und der sehr jung Dahinsterbende gleichviel verlieren; denn nur der gegenwärtige Augenblick ist es, dessen jeder verlustig gehen kann, da er ja diesen doch allein besitzt; und was einer nicht hat, kann er auch nicht verlieren.

Marc Aurel

Ein Fluß, der aus dem Werdenden hervorgeht, ein reißender Strom ist die Zeit. Kaum war jegliches Ding zum Vorschein gekommen, so ist es auch schon wieder weggeführt, ein anderes herbeigetragen, aber auch das wird weggeschwemmt werden.

Marc Aurel

N   A   C   H   T

Alles Ernste findet man eher bei Nacht.

Epicharmos

Θαλῆν εἰς τὸν οὐρανὸν ὁρῶντα καὶ ἐμπεσόντα εἰς τὸ βό-
θρον ἡ θεράπαινα δίκαια παθεῖν ἔφη, ὃς τὰ παρὰ ποσὶν
ἀγνοῶν τὰ ἐν οὐρανῷ ἐσκόπει.

[Wachsmuth II 1, 22]

Αἴ τί κα ζατῇς σοφόν, τᾶς νυκτὸς ἐνθυμητέον.

[Diels 27]

Κλειτόμαχος εἴκαζε τὴν διαλεκτικὴν τῇ σελήνῃ· καὶ γὰρ
ταύτην οὐ παύεσθαι φθίνουσαν καὶ αὐξομένην.

[Wachsmuth II 2, 21]

Νυκτιφαὲς περὶ γαῖαν ἀλώμενον ἀλλότριον φῶς.

[Diels 14]

(ἡ σελήνη) ἀεὶ παπταίνουσα πρὸς αὐγὰς ἠελίοιο.

[Diels 15]

Amica silentia lunae.   Aen. II 255

Μηδ᾽ ὕπνον μαλακοῖσιν ἐπ᾽ ὄμμασι προσδέξασθαι
πρὶν τῶν ἡμερινῶν ἔργων τρὶς ἕκαστον ἐπελθεῖν.
πῇ παρέβην; τί δ᾽ ἔρεξα; τί μοι δέον οὐκ ἐτελέσθη;
ἀρξάμενος δ᾽ ἀπὸ πρώτου ἐπέξιθι· καὶ μετέπειτα
δειλὰ μὲν ἐκπρήξας ἐπιπλήσσεο, χρηστὰ δὲ τέρπευ.

Carm. aur. 40 ff.

Ὁ Ἡράκλειτός φησι τοῖς ἐγρηγορόσιν ἕνα καὶ κοινὸν
κόσμον εἶναι, τῶν δὲ κοιμωμένων ἕκαστον εἰς ἴδιον ἀπο-
στρέφεσθαι.   De superstitione 3; [Diels B 89]

Als Thales einmal des Himmels Lauf erforschte und darüber in einen Graben fiel, sagte seine Magd, es geschehe ihm recht, weil er nicht wisse, was ihm vor den Füßen liege, und wolle himmlische Ding anschauen.

Seren [Frölich]

Wenn du etwas Kluges suchst, so bedenke es bei Nacht.

Epicharmos

Clitomachus verglich die Beredsamkeit dem Mond, welcher nicht aufhört zu wachsen und abzunehmen.

Nach Stobäus

Nachterhellendes, um die Erde irrendes fremdes Licht.

Parmenides

Der Mond stets schauend nach der Sonne Strahlen.

Parmenides

Das freundwillige Schweigen des Mondes.　　　Vergil

Lasse den Schlaf dir nie auf die Lider der Augen sich
  senken,
Eh' du im Geist dreimal das Erlebte des Tages gemustert:
Was ist geleistet? Wo hab' ich gefehlt? Was hab' ich
  versäumet?
Gehe vom ersten zum letzten es durch mit prüfendem
  Ernste;
Findest du Schlechtes, erschrick; des geleisteten Guten
  erfreu' dich.　　　Pseudo-Pythagoras

Heraklit sagt, daß die Wachenden eine gemeinsame Welt hätten, im Schlaf aber wende sich jeder ab in seine eigene.

Nach Plutarch

Somnia ne cures.

[Némethy II 31]

. . . . αἴδε δὲ νύκτες ἀθέσφατοι · ἔστι μὲν εὕδειν
ἔστι δὲ τερπομένοισιν ἀκούειν · οὐδέ τί σε χρή,
πρὶν ὥρῃ, καταλέχθαι · ἀνίη καὶ πολὺς ὕπνος.

Odyssee XV 392

Ἄγρυπνος ἔσο κατὰ νοῦν · συγγενὴς γὰρ τοῦ ἀληθινοῦ
θανάτου ὁ περὶ τοῦτον ὕπνος.

[Hense 1, 31]

XXIX

Magna fuit quondam capitis reverentia cani
Inque suo pretio ruga senilis erat.

Fasti V 57

Ἰδών τις ἐν ἀποχωρήσει θακέοντας ἐπὶ δίφρων ἀνθρώπους 'μὴ γένοιτο' εἶπεν ,ἐνταῦθα καθίσαι, ὅθεν οὐκ
ἔστιν ἐξαναστῆναι πρεσβυτέρῳ'.

Apophth. Laconica inc. 12

Γῆρας ὁλόκληρός ἐστι πήρωσις · πάντ' ἔχει καὶ πᾶσιν
ἐνδεῖ.   [Diels 296]

Ἰσχὺς καὶ εὐμορφίη νεότητος ἀγαθά, γήραος δὲ σωφροσύνη ἄνθος.

[Diels 294]

Träume sind Schäume.

Dionysius Cato

Endlos dehnen die Nächte sich hin; man kann sie ver-
schlafen,
Kann sie sich auch mit Erzählungen kürzen; dich nö-
tiget niemand,
Eh's an der Zeit ist, schlafen zu gehen. Man wird auch
den Schlaf satt.

Homer

Wache mit dem Gemüte: denn der tiefe Schlaf ist ein
Bruder des wirklichen Todes.

Pythagoras

A   L   T   E   R

Groß war einstmals die Ehrfurcht vor dem grauen
Haupte und in ihrem Werte stand die Runzel des Alters.

Ovid

Ein Lakedämonier sah Menschen im Abtritt auf Stühlen
sitzen. »Da möcht ich mich nicht hinsetzen,« rief er aus,
»wo ich vor einem Älteren nicht aufstehen kann.«

Nach Plutarch

Alter ist eine Verstümmelung bei ganzem Leibe: alles
hat es und allem fehlt etwas.   Demokrit

Stärke und Schönheit sind Vorzüge der Jugend, des
Alters Blüte aber ist die Besonnenheit.

Demokrit

Φεῦ φεῦ, τί τούτου χάρμα μεῖζον ἄν λάβοις
τοῦ γῆς ἐπιψαύσαντα κᾀθ᾽ ὑπὸ στέγῃ
πυκνῆς ἀκοῦσαι ψακάδος εὐδούσῃ φρενί;

Tympanistae [Nauck 579]

Αἰσχρόν ἐστιν, ἐν ᾧ βίῳ τὸ σῶμά σοι μὴ ἀπαυδᾷ, ἐν
τούτῳ τὴν ψυχὴν προαπαυδᾶν.

Selbstschau VI 29

Γηράσκω δ᾽ αἰεὶ πολλὰ διδασκόμενος.

[Bergk 17]

Quod quisque perperam didicit, in senectute confiteri non
vult.

Sat. 4, 4

Lenior et melior fis accedente senecta?

Epist. II 2, 211

Ἐὰν δὲ γέρων ᾖς, μηδὲ ἀπαλλαγῇς ποτε τοῦ πλοίου
μακράν, μή ποτε καλοῦντος ἐλλίπῃς.

Ench. 7

Ὁ μὲν χειμὼν σκέπης, τὸ δὲ γῆρας ἀλυπίας δεῖται.

[Hense IV 50, 93]

<h2 align="center">XXX</h2>

Non vivere, sed valere vita.

Epigr. VI 70, 15

Wie könnte dir behaglicher zu Mute sein,
Als wenn du trocken liegend unter sicherem Dach
Die Regentropfen durch den Schlummer klatschen hörst?

Sophokles

Schändlich ist es, wenn die Seele in einem Leben eher
ermüdet als der Leib.

Marc Aurel

Älter werde ich stets, nimmer doch lerne ich aus.

Solon

Keiner will im Alter zugeben, was er (in der Jugend)
falsch gelernt hat.

Petronius Arbiter

Wirst du auch sanfter und besser, indem das Alter
herannaht?

Horaz

Und wenn du alt bist, dann entferne dich nicht mehr
weit vom Fahrzeug, damit du nicht ausbleibst, wenn du
gerufen wirst.

Epiktet

Der Winter will eine Decke haben, das Alter aber un-
angefochten sein.　　　　　　　　　　　　Sokrates

K R A N K H E I T

Nur wer gesund ist, lebt.

Martial

Λύπη μανίας κοινωνίαν ἔχει τινά.

[Kock 295]

Aristoteles ait omnes ingeniosos melancholicos esse.

Tusc. disput. I, 33

Τίκτουσι γάρ τοι καὶ νόσους δυσθυμίαι.

[Nauck 602]

Ἆρον τὴν ὑπόληψιν, ἦρται τὸ βέβλαμμαι. ἆρον τὸ βέβλαμμαι, ἦρται ἡ βλάβη.

Selbstschau IV 7

Immedicabile cura
Ense recidendum, ne pars sincera trahatur.

Metam. I 190

Non intellecti nulla est curatio morbi.

Eleg. 3, 55

Νικάνωρ χωλός. τούτου καθημένου παῖς τις ὕπαρ τὸν
σκίπωνα ἁρπάξας ἔφευγε· ὁ δὲ ἀναστὰς ἐδίωκε καὶ ἐκ
τούτου ὑγιὴς ἐγένετο.

Inscr. Graec. IV 951 ⟨111⟩

Κιανὸς ποδάγραν. τούτου ὕπαρ χἂν ποτιπορευομένου
δάκνων αὐτοῦ τοὺς πόδας καὶ ἐξαιμάσσων ὑγιῆ ἐποίησε.

Inscr. Graec. IV 952 ⟨133

Die Traurigkeit ist die Nachbarin des Wahnsinns.

Antiphanes

Aristoteles behauptet, daß alle bedeutenden Männer Melancholiker seien.

Cicero

Der trübe Mut macht auch den Körper krank und siech.

Sophokles

Laß den Wahn schwinden, dann ist auch das »Wehe mir!« verschwunden. Mit dem »Wehe mir« ist auch das Weh dahin.

Marc Aurel

Was nicht zu heilen ist, soll man wegschneiden,
Damit die gesunden Teile nicht auch angesteckt werden.

Ovid

Verborgene Krankheiten lassen sich nicht heilen.

Maximian

Nikanor — lahm. Während er wach im Tempel saß, entriß ihm ein Knabe seine Krücke und lief damit weg. Da stand er auf, lief ihm nach und war von da an gesund.

Heilbericht aus Epidauros

Ein Mann aus Kios litt an Podagra. Als dieser zum Tempel gekommen war, biß ihm in wachem Zustande eine Gans die Füße blutig und machte ihn so gesund.

Heilbericht aus Epidauros

Male habet medicus, nemo si male habuerit.

Sent.

Ὁ βίος βραχύς, ἡ δὲ τέχνη μακρή, ὁ δὲ καιρὸς ὀξύς, ἡ δὲ πεῖρα σφαλερή, ἡ δὲ κρίσις χαλεπή. δεῖ δὲ οὐ μόνον ἑωυτὸν παρέχειν τὰ δέοντα ποιεῦντα, ἀλλὰ καὶ τὸν νοσέοντα καὶ τοὺς παρέοντας καὶ τὰ ἔξωθεν.

Aphorismen I 1

XXXI

Mors ultima linea rerum.

Epist. I 16, 79

Τὸ ἀκαριαῖον οὖν τοῦτο τοῦ χρόνου κατὰ φύσιν διελθεῖν καὶ ἴλεως καταλῦσαι, ὡς ἂν εἰ ἡ ἐλαία πέπειρος γενομένη ἔπιπτεν εὐφημοῦσα τὴν ἐνεγκοῦσαν καὶ χάριν εἰδυῖα τῷ φύσαντι δένδρῳ.

Selbstschau 4, 48

Οἷον εἰ κωμῳδὸν ἀπολύοι τῆς σκηνῆς ὁ παραλαβὼν στρατηγός. ῾Ἀλλ' οὐκ εἶπον τὰ πέντε μέρη, ἀλλὰ τὰ τρία'. Καλῶς εἶπας· ἐν μέντοι τῷ βίῳ τὰ τρία ὅλον τὸ δρᾶμά ἐστι ... Ἄπιθι οὖν ἴλεως· καὶ γὰρ ὁ ἀπολύων ἴλεως.

Selbstschau 12, 36

Εἰ γὰρ ἅμα κτεάνοις πολ-
λοῖς ἐπίδοξον ἄρηται κῦδος, οὐκέτ' ἔστι πρόσωθεν
θνατὸν ἔτι σκοπιᾶς ἄλ-
λας ἐφάψασθαι ποδοῖν.   Nemea IX 109

O wie übel gehet es dem Arzt, wenn es niemand übel geht

Publilius Syrus

Das Leben ist kurz, die Kunst lang, die Gelegenheit flüchtig, die Erfahrung trügerisch, die Beurteilung schwer. Aber nicht nur der Arzt allein muß das Nötige tun, sondern auch der Patient selbst, seine Umgebung und Umwelt.

Hippokrates

T   O   D

Sterben ist das Letzte.

Horaz

Wir wollen unsere Zeit der Natur gemäß durchleben und heiter beendigen, so wie die reifgewordene Olive fällt, indem sie die Erde segnet, die sie hervorgebracht, und dem Baume dankt, der sie genährt hat.

Marc Aurel

Es ist, wie wenn der Schauspieler durch denselben entlassen wird, der ihn gedungen hat. »Aber ich habe nicht alle fünf Akte gespielt, sondern erst drei.« Du hast ganz recht: aber im Leben machen schon drei Akte das ganze Drama . . . . Geh also ohne Zorn; denn auch der dich entläßt, ist ohne Zorn.

Marc Aurel

Denn wenn er samt vielen Gütern ehrenvollen Ruhm erworben, ist es dem Sterblichen nicht gegeben, darüber hinaus den Fuß noch auf eine andere Warte zu setzen.

Pindar

Omnis una manet nox.

Od. I 28, 15

Ἱπποκράτης πολλὰς νόσους ἰασάμενος αὐτὸς νοσήσας ἀπέθανεν, οἱ Χαλδαῖοι πολλῶν θανάτους προηγόρευσαν, εἶτα καὶ αὐτοὺς τὸ πεπρωμένον κατέλαβεν. Ἀλέξανδρος καὶ Πομπήιος καὶ Γάιος Καῖσαρ ὅλας πόλεις ἄρδην τοσαυ- τάκις ἀνελόντες καὶ ἐν παρατάξει πολλὰς μυριάδας ἱπ- πέων καὶ πεζῶν κατακόψαντες καὶ αὐτοί ποτε ἐξῆλθον τοῦ βίου. Ἡράκλειτος περὶ τῆς τοῦ κόσμου ἐκπυρώσεως τοσαῦτα φυσιολογήσας ὕδατος τὰ ἐντὸς πληρωθεὶς βολ- βίτῳ κατακεχρισμένος ἀπέθανεν. Δημόκριτον δὲ οἱ φθεῖ- ρες, Σωκράτην δὲ ἄλλοι φθεῖρες ἀπέκτειναν. τί ταῦτα; ἐνέβης, ἔπλευσας, κατήχθης· ἔκβηθι. εἰ μὲν ἐφ᾽ ἕτερον βίον, οὐδὲν θεῶν κενὸν οὐδὲ ἐκεῖ· εἰ δὲ ἐν ἀναισθησίᾳ, παύσῃ πόνων καὶ ἡδονῶν ἀνεχόμενος καὶ λατρεύων το- σούτῳ χείρονι τῷ ἀγγείῳ ἢ περίεστι τὸ ὑπηρετοῦν· τὸ μὲν γὰρ νοῦς καὶ δαίμων, τὸ δὲ γῆ καὶ λύθρος.

Selbstschau III 3

Non mortem timemus, sed cogitationem mortis.

Epist. 30, 15

Ἀποθανεῖν ⟨μὴ εἴ⟩η, τεθνάκειν δ᾽ οὐκ ἐμίν ⟨γα⟩ δια- φέρει.   [Diels 11]

132

Auf alle wartet ein und dieselbe Nacht.

Horaz

Hippokrates, der doch so viele Krankheiten geheilt hatte, erkrankte auch und starb. Die Chaldäer hatten vielen ihren Tod vorhergesagt, doch auch sie raffte hernach dasselbe Schicksal dahin. Nachdem Alexander, Pompejus und Gajus Cäsar so oft ganze Städte von Grund aus zerstört und viele tausend Reiter und Fußgänger in Schlachten gefällt hatten, mußten sie am Ende selbst aus diesem Leben scheiden. Heraklit hatte über den Weltuntergang durch Feuer so viele naturphilosophische Betrachtungen angestellt und starb zuletzt, im Unrat von Kühen, an der Wassersucht. Den Demokrit brachten die Läuse ums Leben, den Sokrates Ungeziefer in Menschengestalt. Wozu diese Bemerkungen? — Auch du bist aufs Schiff gestiegen, bist abgefahren, bist in den Hafen eingelaufen. So steig nun aus! Geht's in ein anderes Leben — so ist ja nichts ohne Götter, auch dort nicht! Geht's aber in einen Zustand der Fühllosigkeit — nun, so brauchst du doch nicht mehr Schmerzen und Freuden erdulden, noch dich von einem Behälter knechtisch einengen lassen, der um so unedler ist, je größere Vorzüge der darin Dienende besitzt. Denn dieser ist der vernünftige Geist, der Genius in dir, jener hingegen nur Erde und Verwesliches.

Marc Aurel

Nicht den Tod fürchten wir, sondern die Vorstellung des Todes.

Seneca

Sterben müssen bleibe mir fern, doch tot sein — das ist mir egal.

Epicharmos

Pascitur in vivis livor, post fata quiescit.

Amor. I 15, 39

Mors ipsa refugit saepe virum.

Pharsalia II 75

Ἄνθρωποι τὸν θάνατον φεύγοντες διώκουσιν.

[Diels 203]

Mors et fugacem persequitur virum
Nec parcit imbellis iuventae
Poplitibus timidove tergo.

Od. III 2, 14/16

Nihil semper floret.

Orat. Philipp. XI 15 (39)

Quem di diligunt adulescens moritur.

Bacch. IV 7, 18 [nach Menander, Kock 124]

Nec mors humano subjacet arbitrio.

Eleg. I, 114

Τὸ δὲ κεφάλαιον· μέμνησο ὅτι ἡ θύρα ἤνοικται. μὴ
γίνου τῶν παιδίων δειλότερος· ἀλλ᾽ ὡς ἐκεῖνα, ὅταν
αὐτοῖς μὴ ἀρέσκῃ τὸ πρᾶγμα, λέγει 'οὐκέτι παίξω'·
καὶ σύ, ὅταν σοι φαίνηταί τινα εἶναι τοιαῦτα, εἰπὼν
'οὐκέτι παίξω' ἀπαλλάσσου· μένων δὲ μὴ θρήνει.

Unterred. I 24, 20

Nach dem Tode hört der Neid auf.

Ovid

Selbst der Tod flieht oft vor einem Mann!

Lucanus

Menschen, die vor dem Tode fliehen, laufen ihm gerade nach.

Demokrit

Der Tod erwischt auch den Flüchtigen und schont nicht die Kniekehlen und den furchtsamen Rücken der zaghaften Jugend.

Horaz

Nichts blüht ewig.

Cicero

Wen die Götter lieb haben, der stirbt jung.

Plautus

Wir können nicht sterben, wann wir wollen.

Maximian

Die Hauptsache ist: Erinnere dich, daß dir die Türe offen steht. Sei nicht feiger als die Kinder. Wenn diesen das Spiel nicht mehr gefällt, so sagen sie: Ich will nicht mehr mitspielen. Wenn es dir ebenso ergeht, so sage: Ich spiele nicht mehr mit! und geh. Wenn du aber bleibst, so klage nicht.

Epiktet

Μηδέποτε ἐπὶ μηδενὸς εἴπῃς ὅτι 'ἀπώλεσα αὐτό', ἀλλ'
ὅτι 'ἀπέδωκα'. Τὸ παιδίον ἀπέθανεν; Ἀπεδόθη. Ἡ γυνὴ
ἀπέθανεν; Ἀπεδόθη. Τὸ χωρίον ἀφῃρέθην. Οὐκοῦν καὶ
ταῦτο ἀπεδόθη. Ἀλλὰ κακὸς ὁ ἀφελόμενος'. Τί δὲ σοὶ
μέλει, διὰ τίνος σε ὁ δοὺς ἀπήτησε;

Ench. 11

Ἄν χύτραν στέργῃς, ὅτι χύτραν στέργεις· κατεαγείσης
γὰρ αὐτῆς οὐ ταραχθήσῃ, ἂν παιδίον σαυτοῦ καταφιλῇς
ἢ γυναῖκα, ὅτι ἄνθρωπον καταφιλεῖς· ἀποθανόντος γὰρ
αὐτοῦ οὐ ταραχθήσῃ.

Ench. 3

Ἀναξαγόρᾳ τις τῷ Κλαζομενίῳ σπουδάζοντι πρὸς τοὺς
ἑταίρους προσελθὼν ἔφη τεθνηκέναι οἱ τοὺς δύο παῖδας,
οὕσπερ οὖν καὶ εἶχεν μόνους ὁ Ἀναξαγόρας. ὁ δὲ μηδὲν
διαταραχθεὶς εἶπεν "ᾔδειν θνητοὺς γεγεννηκώς".

Hist. III 2

Προθέμενός τις νεκρὸν στῆσαι ὀρθὸν ὡς πάντα ποιῶν
οὐκ ἐδύνατο, 'νὴ τὼ σιώ' εἶπεν 'ἔνδον τι εἶναι δεῖ'.

Apophth. Laconica inc. 50

Sage niemals von etwas: »Ich habe es verloren«, sondern »Ich habe es zurückgegeben.«
Mein Kind ist gestorben. »Also hast du es zurückgegeben.«
Mein Weib ist gestorben. »Also hast du es zurückgegeben.« Mein Landgut wurde mir genommen. »Auch das hast du also zurückgegeben.« Aber der es mir nahm, ist ein schlechter Mensch. »Was geht es dich an, durch wen es der Geber zurückverlangt?«

Epiktet

Wenn dir ein Topf teuer ist, so denke dir: ein Topf ist es, der mir teuer ist; dann wirst du dich auch nicht aufregen, wenn er zerbricht. Wenn du dein Weib oder dein Kind küssest, so denke dir: du küssest einen Menschen; und du wirst nicht außer Fassung kommen, wenn er stirbt.

Epiktet

Als jemand dem Clazomenier Anaxagores, da er mit guten Freunden im Gespräche war, verkündete, daß ihm seine beiden einzigen Söhne gestorben waren, hat er unerschrocken geantwortet: Ich wußte wohl, daß ich Sterbliche gezeugt habe.

Aelian

Es versuchte einer, einen Leichnam aufrecht zu stellen; als es ihm aber ungeachtet aller Anstrengungen nicht gelang, rief er aus: »Beim Zeus, da muß doch etwas dahinter sein.«

Nach Plutarch

XXXII

Οὐ γὰρ ἐσθλὰ κατθανοῦσι κερτομέειν ἐπ' ἀνδράσιν.

[Bergk 36]

Ἐλπίδες ἐν ζωοῖσιν, ἀνέλπιστοι δὲ θανόντες.

Idyllen IV 42

Τύμβῳ γὰρ οὐδεὶς πιστὸς ἀνθρώπων φίλος.

[Nauck 1081]

Γαῖαν ἐπιμοιρᾶσθαι ἀταρχύτοις νεκύεσσιν.
μὴ τύμβον φθιμένων ἀνορύξῃς, μηδ' ἀθέατα
δείξῃς ἠελίῳ, μὴ δαιμόνιον χόλον ὄρσῃς.

[Bergk 99 ff.]

Ἀποτάφων τάφων.

Inscr. Graec. XII 1, 656

Σῆμα Φρασικλείας· κούρη κεκλήσομαι αἰεί,
ἀντὶ γάμου παρὰ θεῶν τοῦτο λαχοῦσ' ὄνομα.

Inscr. Graec. I 469

Qualis artifex pereo.

Bei Sueton, Vit. Caes. 49

Κατθανοῖσα δὲ κείσεαι πότα, κωὐ μναμοσύνα σέθεν ἔσσετ'
οὔτε τότ' οὔτ' ὕστερον.   [Bergk 68]

138

UNSTERBLICHKEIT

Unedel ist es, einen toten Mann zu schmäh'n.

Archilochos

Die Hoffnung ist bei den Lebendigen, aber die Toten
sind weit davon.

Theokrit

Kein Mensch ist des Grabes treuer Freund.

Euripides

Gib, wo des Grabs er entbehrt, sein Teil an der Erde
   den Toten;
Scharre das Grab der Verstorbnen nicht auf und was
   sie nicht sehn soll,
Zeige der Sonne du nicht; sonst weckst du den Zorn
   der Dämonen.   Pseudophokylides

Heimat für Heimatlose.

Urneninschrift aus Rhodos

Den einzigen Namen Phrasikleia trägt der Stein,
  des Gatten Namen hat die Gottheit mir versagt:
  ich heiße Jungfrau hier und Jungfrau dort.

Attischer Grabspruch

Welch ein Künstler geht mit mir dahin!

Sterbewort Neros

Tot wirst du liegen und kein Angedenken bleibt dir
dann und fürderhin.   Sappho

Αἱρεῦνται γὰρ ἓν ἀντὶ ἁπάντων οἱ ἄριστοι, κλέος ἀέναον
θνητῶν. οἱ δὲ πολλοὶ κεκόρηνται ὅκωσπερ κτήνεα.

[Diels 29]

Non omnis moriar.

Od. III 30, 6

Εὐσεβὴς νόῳ πεφυκὼς οὐ πάθοις κ' οὐδέν κακόν
κατθανών· ἄνω τὸ πνεῦμα διαμενεῖ κατ' οὐρανόν.

[Diels 22]

Θνατὰ χρὴ τὸν θνατόν, οὐκ ἀθάνατα τὸν θνατὸν φρονεῖν.

[Diels 20]

Ὁ περὶ τὴν ὑστεροφημίαν ἐπτοημένος οὐ φαντάζεται,
ὅτι ἕκαστος τῶν μεμνημένων αὐτοῦ τάχιστα καὶ αὐτὸς
ἀποθανεῖται, εἶτα πάλιν ὁ ἐκεῖνον διαδεξάμενος, μέχρι
καὶ πᾶσα ἡ μνήμη ἀποσβῇ διὰ ἐπτοημένων καὶ σβεννυ-
μένων προιοῦσα. ὑπόθου δ', ὅτι καὶ ἀθάνατοι μὲν οἱ
μεμνησόμενοι, ἀθάνατος δ' ἡ μνήμη· τί οὖν τοῦτο πρὸς
σέ; καὶ οὐ λέγω, ὅτι οὐδὲν πρὸς τὸν τεθνηκότα· ἀλλὰ
πρὸς τὸν ζῶντα τί ὁ ἔπαινος; πλὴν ἄρα δι' οἰκονομίαν
τινά· πάρες γὰρ νῦν ἀκαίρως τὴν φυσικὴν δόσιν ἄλλου
τινὸς ἐχομένην λόγου λοιπόν.

Selbstschau IV 19

Denn es wählen eins vor allem anderen die Edelsten —
ewigen Ruhm vor allem Vergänglichen. Die Vielen aber
sind satt wie das Vieh.

Heraklit

Ich werde nicht gänzlich sterben.

Horaz

Bist du im Herzen fromm geartet, wird dir im Tode
kein Leid widerfahren. Droben wird der Hauch im Himmel ewig leben.

Epicharmos

Sterbliche Gedanken soll der Sterbliche hegen, nicht
unsterbliche der Sterbliche.

Epicharmos

Wer um den Nachruhm ängstlich buhlt, erwägt nicht,
daß jeder von denen, die s e i n e r gedenken, gar bald
selbst auch sterben wird und so hinwiederum jegliches
folgende Geschlecht, bis zuletzt der ganze Ruhm mit
den Ruhmsüchtigen, die ihn fortgepflanzt, gleichfalls
ganz und gar erlischt. Aber gesetzt auch, daß die, welche
deiner gedenken werden, unsterblich wären und unsterblich deines Namens Gedächtnis, welchen Wert hat
denn das für dich? Ich sage nicht, für den bereits Ge-
storbenen, sondern für den noch Lebenden. Was frommt
das Lob, außer eben in Verbindung mit gewissen zeit-
lichen Vorteilen? Laß daher beizeiten jene Gabe der Natur fahren, welche ja nur von fremdem Gerede abhängt.

Marc Aurel

Ἀλέξανδρος ὁ Μακεδὼν καὶ ὁ ὀρεωκόμος αὐτοῦ ἀπο-
θανόντες εἰς ταὐτὸ κατέστησαν.

Selbstschau VI 24

Πρὸς δὲ Ξενοφάνην τὸν Κολοφώνιον εἰπόντα μόλις
οἰκέτας δύο τρέφειν 'ἀλλ' Ὅμηρος' εἶπεν, 'ὃν σὺ διασύρεις,
πλείονας ἢ μυρίους τρέφει τεθνηκώς.'

Reg. et imp. apophth.: Hieron 4

Alexander von Makedonien und sein Maultiertreiber sind durch ihren Tod in den gleichen Zustand versetzt worden.

Marc Aurel

Dem Xenophanes aus Kolophon, welcher versicherte, kaum zwei Sklaven halten zu können, erwiderte Hieron: »Aber Homer, den du verspottest, nährt doch nach seinem Tode noch mehr als zehntausend.«

Nach Plutarch

Der Umschlag zeigt den sogen. Blondkopf, Fragment einer Epheben-Statue, das 1887 auf der Akropolis gefunden wurde und sich dort im Museum befindet. Es handelt sich um ein ursprünglich bemaltes attisches Marmor-Original um 480 v. Chr. Die neue Aufnahme stammt von Ursula Wolff, Hamburg 20.

Zur Kulturgeschichte des Altertums

sind ferner erschienen:

Buchhandel im Altertum von O.stud.dir. Dr. Stemplinger. Inhalt: Herstellung, Vertrieb, Autor, Verleger, Buchhändler. 40 S. 2. Aufl. 60 Pfg.

Frau, die im alten Rom von O.stud.Rat Fischl. Inhalt: Erziehung, Vermählung, Ehe, Recht, Sittlichkeit, Emanzipation. 9 Abb. 32 S. 60 Pfg.

Cäsars Kalender in moderner Kalenderform zusammen- und unserem Kalender gegenübergestellt von Dr. Hofmann. Mit vielen Gedenktagen und genauesten Erläuterung. 58 S. 60 Pf.

Frauen, Griechische von Prof. Dr. Burger. Inhalt: Schönheitsmittel, Ehe, Hetären, Aspasia. 49 S. 2. durchges. Aufl. 4.—6. Tsd. 60 Pfg.

Gaukler im Altertum von Prof. Dr. Gaheis. Inhalt: Seiltänzer, Akrobaten, Zauberer, Tierbändiger, Marionetten usw. 33 S. 60 Pfg.

Heilkunde, Antike von Univ.-Prof. Dr. Sigerist. Inhalt: Diagnose und Prognose. Klassische Krankheitsbilder. Diaetetik, Pharmazeutik, Chirurgie, Anatomie, Hygiene. 4.—6. Tsd. 48 S. 60 Pfg.

Jagd, Antike von Stud.-Rat Dr. Overbeck. Inhalt: Jagdgeräte, Fallen- und Fangtechnik, Rotwild und Hochwild, Herr und Hund. 40 S. 60 Pfg.

Kaufmann, Der griechische im Altertum von Prof. Dr. Erich Ziebarth. Inhalt: Kaufmännisches Leben, Geschäftspraxis, Bank, Börse, Klub. Vom Kramerladen bis zum Großhändler usw. 40 S. 60 Pfg.

Kenntnis der Erde im Altertum von Dr. G. Kahlo. Inhalt: Eine Afrikaumseglung vor 2500 Jahren, Herodots Reiseberichte, Die Atlantis-Frage, Die Amazonen, Reiseführer, Landkarten, Straßen und Seewege, Europa-Afrika-Asien, Rassenkunde usw. 32 S. 60 Pfg.

Kriegskunst, Antike von Dr. Popp. Inhalt: Vom Zweikämpfer vor Troja bis zum Legionar im Teutoburger Wald. Entwicklung der Kriegsauffassung, Kriegsmittel und Kriegstaktik. 49 S. 60 Pfg.

Küche, Antike von Univ.-Prof. Dr. Bilabel. Inhalt: Tischsitten, Kochbücher, Gerichte. 54 S. 60 Pfg. Z. Zt. vrg.

Kunstleben, Antikes von Prof. Dr. Poeschel. Inhalt: Soziale Stellung des Künstlers, Kunstschriftsteller, Sammler, Fälscher. 40 S. 60 Pfg.

Mode, Antike von Max von Boehn †. Inhalt: Tracht, Beiwerk, Körperpflege, Schlankheitsideal, Modekönige. 57 S. 60 Pfg. Z. Zt. vrg.

Musik, Antike von Univ.Prof. Vetter. Inhalt: Geschichtlicher Werdegang, Die ethisch-erzieherischen Aufgaben, Stellung im Nationalbewußtsein Mit Bildern und Notenbeispielen. 40 S. 60 Pfg.

Mysterien, Antike von Prof. Dr. Burger. Inhalt: Attis, Mithras, Dionysos, Isis, Demeter. 32 S. 3. durchges. Aufl. 7.—9. Tsd. 60 Pfg.

Sport, Antiker von Prof. M. Vogt. Inhalt: Sport als Erziehungsmittel Übungsplätze, Lehrer, Übungsformen, Sportliche Feste, Nationalspiele, Wettkampfarten, Das Olympiafest, Berufsathletik, Verfall der Gymnastik usw. 40 S. 60 Pfg.

Stenographie, Antike von O.stud.dir. Dr. Mentz. Inhalt: Tiro, Der Vater der Stenographie und sein System. 30 S. mit 12 Abb. 60 Pfg.

Technik, Antike von O.stud.dir. Dr. Stemplinger. Inhalt: Der Ingenieur, Wasser, Verkehr, Krieg. 40 S. 2. durchges. Aufl. 4.—6. Tsd. 60 Pfg.

Weinbau im Römerreiche von Dr. Remark. Für Liebhaber, wie für Forscher geeignet, da mit umfangreichen Quellennachweisen, Landschaftsverzeichnissen usw. ausgestattet. 110 S. Kart. 1.50, Leinen 2.50.

Prophezeiungen der Alten von O.stud.dir. Dr. Stemplinger, Die Orakelstätten, Orakelsprüche, Wahrträume, Totenbeschwörung usw. 40 S. 60 Pfg.

www.ingramcontent.com/pod-product-compliance
Lightning Source LLC
Chambersburg PA
CBHW070332100426
42812CB00005B/1328